HOCHSCHULE FÜR
SCHAUSPIELKUNST
ERNST BUSCH
UND
DER NEUE BAU

HOCHSCHULE FÜR
SCHAUSPIELKUNST

ERNST BUSCH

*und
der neue Bau*

HERAUSGEGEBEN VON
HOLGER ZEBU KLUTH

Congratulations!
for
the Ernst Busch

acting

directing   puppetry

dance   dancing

studio theatre   Hochschule
Gertrude Stein 1992
Doctor Faustus   dramatic Arts   1997
Lights the Lights   "Saints and Singing"
Gertrude Stein

Congratulations
Lots of Love Always
Bob Wilson

CONGRATULATIONS!

FOR
the ERNST
puppetry

acting   acting
A acting
directing
inng
puppetry
PPPP UPPETRY
dance Lee
dance dancing dANCING
dancing
Hochschule

gertrude stein 1992
1992 Doctor Faustus
the studio theatre
Lights Lights
g. stein
draMAtic Arts
1997
"Saints and Singing"
gertrude stein

CongRAtuLATIONS

Lots of LOVe ALwAys
bob wilson

Inhalt

Alle zum Anfang für Alle	9
Der Bau – Ein Lehrstück in 9 Akten	11
Wohin soll denn die Reise geh'n, wohin, sag, wohin, ja, wohin?	21
Requisiten für die Stadt	49
Das Unfertige Planen	69
Das Spiel mit der Kiste	87
Ihr, die ihr eintretet	99
Hauswald machte Bilder und Kluth hielt eine Rede	103
Chronik der Schule	127
5 Fragen an Absolventinnen und Absolventen	143
Biografien	156

ALLE ZUM ANFANG FÜR ALLE

Holger Zebu Kluth

Ein historischer Schritt ist getan. Die Hochschule für Schauspielkunst Ernst Busch bezog im Sommer 2018 mit allen Abteilungen, dem Schauspiel, der Zeitgenössischen Puppenspielkunst, der Regie und Dramaturgie sowie der Choreographie das lange gewünschte und tapfer erkämpfte neue Hochschulgebäude. Am 26. Oktober 2018 wurde das Gebäude offiziell eröffnet. Zum ersten Mal in der langen Geschichte der Hochschule können alle Lehrenden und Studierenden an einem Ort gemeinsam arbeiten.

Eine Idee, die bereits unter dem Rektorat von Klaus Völker in den 1990er-Jahren ihren Anfang nahm, dann Wolfgang Engler als Rektor und Kai Schlegel als Kanzler durch ihre gesamten Amtszeiten beschäftigte, zwischenzeitig eine ganze Generation Studierender auf Berlins Straßen brachte, hat sich nun in den ehemaligen Opernwerkstätten in der Zinnowitzer Straße verwirklicht.

Aber jedes Ende ist auch der Beginn von etwas Neuem. Wir stehen heute an einem verheißungsvollen Punkt, der die Hochschule auf eine positive Art verändern wird. Denn wir können die hohe und weithin anerkannte Qualität in der Ausbildung und die gesamte inhaltliche Breite der Abteilungen in neuen Räumen neu erfinden. Aus dem Kennenlernen des neuen Gebäudes und dem Zusammenspiel der Abteilungen haben wir die Chance, die Ausbildung an der Hochschule zu überprüfen und in eine erfolgreiche Zukunft hinein ein Stück weit neu zu erfinden.

Mein Dank gilt an erster Stelle den Architekten Ortner & Ortner, die einen Bau geschaffen haben, der uns in der Bewahrung des historischen Atems des Ortes und dem gleichzeitigen Ausbau zu einem modernen Hochschulgebäude einen ideellen Entwurf mit auf den Weg gibt, der inspirierend ist und sich bereits in der Praxis bewährt. Besonderen Dank verdienen aber auch jene Studierende, die mit ihrem „Aufstand" 2012 überhaupt dafür gesorgt haben, dass das Projekt eines neuen Hochschulbaus in Angriff genommen wurde. In ihrem Geist werden wir uns in Zukunft auf eine neue Art in das Hochschul- und Kulturgeschehen Berlins einmischen und mit dem Umzug nach Berlin-Mitte für eine größere Öffentlichkeit unseren Beitrag zur Weiterentwicklung der darstellenden Künste in der Stadt leisten. Die neue Hochschule für Schauspielkunst Ernst Busch wird somit auch ein Treffpunkt sein, an dem das nationale und internationale kulturelle Geschehen im Sinne der Ausbildung zukünftiger Künstlerinnen und Künstler reflektiert wird.

DER BAU
EIN LEHRSTÜCK IN 9 AKTEN

Wolfgang Engler

Kunst für den neuen Standort im bat-Studiotheater

1 Hoffnungsvoller Auftakt — „Die Schauspielschule Ernst Busch mit Sitz in Oberschöneweide plant den Umzug. Sie will nach Pankow, in die frühere Zigarettenfabrik Garbaty an der Hadlichstraße. Zurzeit erarbeitet die Senatswissenschaftsverwaltung ein Konzept. Vorgesehen ist, die derzeit noch über drei Standorte verteilte Schauspielschule an einem zentralen Ort, den Garbaty-Höfen, zusammenzufassen. (...) ‚Die dezentrale Lage erschwert die Arbeit der Studenten', sagt Wolfgang Engler. Der Soziologe ist ab kommenden Monat neuer Rektor. Die Sanierung des Werks, das dem jüdischen Fabrikanten Josef Garbaty gehörte, kostet 30 Millionen Euro. Das ist teurer als die Sanierung der bisherigen drei Standorte, die mit 23 Millionen Euro eingeplant war. Doch weil die Räumlichkeiten viel zu klein sind, präferiert die Wissenschaftsverwaltung den Umzug nach Pankow. ‚Ein zentraler Standort ist ökonomisch günstiger', sagt Torsten Wöhlert, Sprecher der Senatsverwaltung für Wissenschaft, Forschung und Kultur. Das Vorhaben soll bis Jahresende in die Investitionsplanung 2006/2007 aufgenommen werden. Das Land muss dann das Grundstück kaufen. (...) In Deutschlands ältester Schauspielschule werden 180 Studenten ausgebildet. Im Juli testeten sie schon mal ihre neue Stätte. Das Stück hieß ‚Zwischenräume – Ernst Busch goes Garbaty.'" (*Berliner Zeitung* vom 6. September 2005)

Demonstration für den neuen Standort –
Studierende mit vielen Unterstützern

2   Erste Misstöne — Das Vorhaben, mit dem ich zur Wahl als Rektor angetreten war – *ein* Haus für alle Hochschulabteilungen –, schien auf gutem Weg. Bald gab es einen Beschluss des Berliner Senats zur Errichtung eines Zentralstandorts, ein Budget von 29, 3 Millionen Euro, ein Grundstück, Thomas Flierl, der damalige Wissenschaftssenator, trieb das Vorhaben voran und die Bauabteilung der Humboldt-Universität stand bereit, das Bieterverfahren für das ins Auge gefasste Investorenmodell in Gang zu setzen.

Es sollte anders kommen.

Flierls Amtskollegin, Ingeborg Junge-Reyer, Senatorin für Stadtentwicklung, fühlte sich bei all dem offensichtlich übergangen, nicht frühzeitig genug ins Bild gesetzt. Dementsprechend reserviert gab sie sich beim Lokaltermin in der Pankower Immobilie. Die Verstimmung wirkte nach, viele Jahre lang, begründete ein Misstrauen der Ressortleitung dem Vorgang, aber auch der Hochschule gegenüber, ihrer Leitung, als hätte diese gemeinsam mit dem Wissenschaftssenator ein Komplott geschmiedet. „Dass ich überhaupt noch mit Ihnen rede!", entfuhr es einer leitenden Mitarbeiterin während eines Disputs mit der Hochschulleitung über den weiteren Gang der Dinge. Das verhieß nichts Gutes.

3   Unklare Verhältnisse — Wir traten dann doch einigermaßen erwartungsfroh ins Bieterverfahren ein. Drei Entwürfe kamen in die engere Auswahl. Diese zu konkretisieren, auf den Kostenrahmen sowie auf die Bedürfnisse der Hochschule abzustimmen, war monatlichen, oft wöchentlichen Zusammenkünften vorbehalten. Was in diesen Runden stets von Neuem für Irritationen sorgte, waren die zum Teil jäh wechselnden Vorgaben, die von außen an das Verfahren herangetragen wurden. Sie kulminierten in der Frage nach der Zukunft des bat-Studiotheaters der HfS Ernst Busch. Sollte es, wie zunächst fest verabredet, als selbständige Einheit weiterbestehen oder doch in den Garbaty-Komplex integriert werden? Darauf, auf eine „Gesamtlösung", lief es schließlich hinaus, und auf Grundlage dieser politischen Maßgabe gewannen die Entwürfe der Architekten ihre abschließende Gestalt.

Das hatte natürlich Konsequenzen für den Kostenrahmen, Konsequenzen, auf die wir die politisch Verantwortlichen pünktlich hingewiesen hatten. Obwohl es diesbezüglich zu keiner Klärung zwischen dem Wissenschafts- und dem Finanzressort kam, ließ man uns in dem Glauben weitermachen, dass sich eine Lösung finden werde.

4 Halt auf freier Strecke — Wir fuhren mit wachsender Besorgnis mit der Arbeit fort, standen kurz vor der Kür eines Siegers – und strandeten zum ersten Mal.

„Hoffnung auf den neuen Campus geplatzt" titelte *Der Tagesspiegel* in seiner Ausgabe vom 21. April 2008 und führte aus:

„Die Befürchtung der Hochschule für Schauspielkunst Ernst Busch hat sich bewahrheitet: Der Berliner Senat hat die Suche nach einem neuem Zentralstandort für die derzeit auf vier Dependancen verteilte Schauspielschule vorerst beendet. Die laufende Ausschreibung wurde ergebnislos abgebrochen, weil die drei aktuellen Angebote nach Berechnungen des Senats jeweils um mindestens zehn Millionen Euro über den im Haushalt eingeplanten knapp 30 Millionen Euro liegen. (…)

An der Vorgehensweise des Senats üben die Betroffenen heftige Kritik. Mindestens ein Angebot soll zuletzt bei 37 Millionen Euro gelegen haben – also deutlich niedriger, als vom Senat behauptet. Darüber hinaus habe von vorne herein eine Kluft zwischen dem Budgetansatz aus der Zeit von Wissenschaftssenator Thomas Flierl (Linke) und der in der Ausschreibung eingeforderten Leistung bestanden. Ursprünglich war lediglich eine mit 1,5 Millionen Euro veranschlagte Sanierung der Studiobühne BAT geplant. Ausgeschrieben wurde dann aber eine von der Hochschule nicht zwingend geforderte neue Bühne, ohne die Finanzmittel anzupassen. Diese Differenz beträgt offenbar rund drei Millionen Euro. Unberücksichtigt sei auch die Explosion der Baupreise seit Herbst 2005 geblieben. ‚Alleine das macht einen Unterschied von mindestens zwei Millionen Euro aus', sagt Architekt Simon.

Wolfgang Engler (Rektor von 2005–2017) mit dem Studenten Moritz Riesewieck während der Demonstration am 7. Mai 2012

Im Abgeordnetenhaus murren neben der Opposition auch Abgeordnete der SPD. ‚Das ist ein schwerer Schlag für den Wissenschafts- und Kulturstandort Berlin', sagt Torsten Schneider aus Pankow."

5 Ein vorzeitiges Weihnachtsgeschenk? — Was tun? Die Studierenden und Lehrenden der HfS Ernst Busch alarmieren? Ein Bündnis mit Medien und Politikern schmieden, um die Entscheidung öffentlichkeitswirksam anzufechten? Dafür war das Erregungspotenzial innen wie außen seinerzeit nicht groß genug. Ich rief den Regierenden Bürgermeister an, bat ihn dringlich, zugunsten des weit gediehenen Vorhabens Stellung zu beziehen. Er wich aus, erklärte sich aber bereit, nach Schöneweide zu kommen.

Chorischer Protest der Studierenden für den neuen Standort

Er kam, gab den aktuellen Standort verloren („darüber kann ich mich nicht hinwegsetzen") und offerierte sogleich einen neuen: „Sie bauen in den Opernwerkstätten."

Die Verblüffung war allgemein – mich und wenige andere ausgenommen. Ich entsann mich lebhaft einer Autofahrt, zu der mich der Finanzsenator Thilo Sarrazin kurz vor Weihnachten 2008 eingeladen und am frühen Abend vor dem bat-Studiotheater abgeholt hatte. Wir fuhren von dort nach Schöneweide, legten zwei weitere Stopps an Objekten ein, die früher schon einmal für den Zentralstandort in Betracht gezogen worden waren. „Hier wird das nichts mit Ihrem neuen Campus", erklärte Sarrazin nach kurzer Inaugenscheinnahme. Wir stiegen wieder ein und sein Fahrer erkundigte sich nach dem nächsten Ziel der Reise: „Zinnowitzer Straße". Die Opernwerkstätten, dachte ich mir. Auch da waren wir bereits im kleinen Kreis gewesen, Stefan Rosinki, der Generaldirektor der Opfernstiftung, hatte uns herumgeführt, den Ort angepriesen, wir hatten Interesse gezeigt, aber die Idee war politisch versandet. Wir hielten vor dem Gebäude und Sarrazin erklärte: „Machen Sie tabula rasa mit ihren bisherigen Plänen, lieber Herr Engler, hier bauen Sie, und zwar für 20 Millionen."

So abenteuerlich wie die Zahl wirkte der Vorschlag im Ganzen. Ich kommunizierte ihn zur Spitze der Wissenschaftsverwaltung, der Bescheid erfolgte umgehend: „Das können Sie vergessen! Schließen Sie das laufende Verfahren ab!" Obwohl mindestens zwei Senatsverwaltungen die Garbaty-Variante faktisch verworfen hatten, schritt die Arbeit weiter voran. Man ließ uns in die Falle laufen. Abbruch, Katzenjammer, Neubeginn.

Abbrucharbeiten in den ehemaligen Opernwerkstätten

6 Schadensabwicklung — „Die Garbaty Projektgesellschaft suchte im Interesse ihres Auftrags und der Schauspielschule nach einem Kompromiss. Zum Termin mit Senator Jürgen Zöllner kam jedoch nur dessen Anwalt, ohne jeden Einigungswillen. Danach zog die Projektfirma gegen den Senat vor Gericht. Denn für ihre seit vier Jahren laufenden Planungen und ungezählten Abstimmungen mit dem Auftraggeber kommt schließlich nicht der

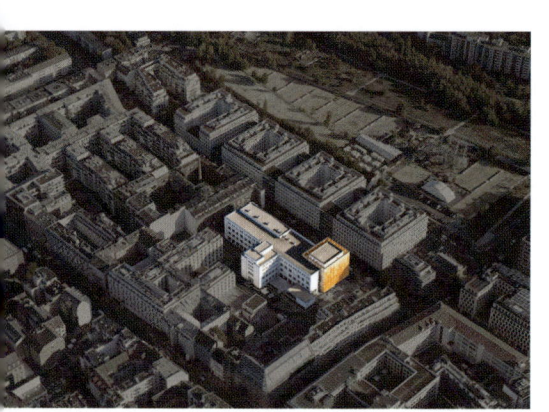

Die neue Hochschule für Schauspielkunst
Ernst Busch im Stadtteil Mitte

Steuerzahler auf. Das Gericht hat ein klares Urteil gefällt. Die Vergabekammer des Landes entschied: Der Abbruch des Vergabeverfahrens durch den Senat ist rechtswidrig, denn die Gründe dafür hat das Land selbst herbeigeführt. Damit verletze es die Rechte der Bieter auf ein ordnungsgemäßes Verfahren. Und was sagt der Bildungssenator? Bedauert er den von seiner Verwaltung verursachten üblen Vergabe-Krimi? Wird er endlich einen Kompromiss suchen, um millionenteuren Schadenersatz von Berlin abzuwenden?" (*Berliner Zeitung* vom 7. August 2008) – Es kam zu keiner Verständigung. Berlin und damit doch die Steuerzahler beglichen am Ende die Rechnung. Wir richteten den Blick auf Mitte.

7 Kein Grund zum Gesang — Die Opernwerkstätten, nun also doch, die Stadt als Bauherr, federführend die Senatsverwaltung für Bauen und Stadtentwicklung. Neuer Architektenwettbewerb, das zieht sich, sämtliche Entwürfe liegen deutlich über der neuen Obergrenze von 33 Millionen Euro, den Zuschlag erhält im Februar 2011 das Büro O&O Baukunst unser Favorit. Einstieg in die Planung, der Kostendeckel senkt sich über dem virtuellen Bau, aber trotz aller Einschnitte klafft eine Lücke, Mehrbedarf also für den neuen Doppelhaushalt. Wird der den Hauptausschuss passieren?

Im März 2012 verdichten sich die Anzeichen für einen abschlägigen Bescheid, Gerüchte machen die Runde, man rät uns, „die Füße still zu halten", das wird schon, wird aber nicht, die SPD-Fraktion im Abgeordnetenhaus spricht sich am 24. April mit großer Mehrheit für einen zweiten Abbruch aus. Rektor und Kanzler treffen sich mit Abgeordneten der Opposition, die stehen zu uns, mit führenden CDU-Politikern, die Verständnis bekunden, sich in dieser Sache mit dem Koalitionspartner aber „nicht verkämpfen" wollen: „Sie müssen die SPD umdrehen!" Das misslingt, die Fronten sind verhärtet, Torsten Schneider, derweil Parlamentarischer Geschäftsführer seiner Fraktion, wird zu einem unserer Hauptwidersacher.

8 „Wem gehört die Stadt?!" — Diesmal schlägt die schlechte Nachricht Wellen. Das zweite Aus war eines zu viel. Die Studierenden besetzten ihre eigene Schule und errichten bald darauf ein Camp auf der Freifläche vor den Opernwerkstätten. Dort finden im großen Zelt Diskussionen, Lesungen, kurze theatrale Darbietungen und Performances statt; nachts wird gefeiert. Die Theater, die Berliner Hochschulen, die Opposition im Abgeordnetenhaus solidarisieren sich mit uns, die Medien ergreifen Partei für die HfS Ernst Busch, aber noch bewegt sich nichts, um das Blatt zu wenden, muss mehr geschehen. Ein Student nimmt sich bei der Eröffnung der Theatertage im Berliner Festspielhaus die Bühne und wirbt mit Leidenschaft für unser Anliegen, ein anderer platzt in die ARD-Talkshow von Günther Jauch und verschafft sich vor einem Millionenpublikum lautstark Gehör, jetzt berichtet sogar BILD. Studierende und Dozenten ziehen zu den Bezirksversammlungen der SPD, dort stehen Wahlen an, und skandieren unsere Forderung „Nach Mitte!". Schließlich organisieren wir am 8. Mai eine Demonstration durch die Berliner Innenstadt, fantasievoll, witzig, eigenes Logo, eigene Hymne, T-Shirts, politisch zupackend zugleich, unter einer Losung, die die Nöte der HfS Ernst Busch ins Allgemeine hebt: „Wem gehört die Stadt?!"

Demonstration durch Berlins Mitte am 7. Mai 2012 für den neuen Standort

„Puppenlustig ist das", berichtet Birgit Walter am 10. Mai in der *Berliner Zeitung*, „schön artikuliert, unerhört sympathisch, dazu ausgesprochen selbstlos. Denn die Studenten kämpfen ja hier für etwas, aus dem sie persönlich nie einen Nutzen ziehen werden, zum Richtfest sind alle weg. (…)

Eines haben alle unterschätzt: Dass die paar Künstler plötzlich einen so triumphalen Aufstand anzetteln, der ihnen Sympathie im ganzen Land einbringt, dass sie bei Jauch bundesweit für Aufmerksamkeit sorgen, dass schließlich die gesamte überregionale Presse berichtet über diese Berliner Provinzposse. Die sozialdemokratische Basis rebelliert, selbst in Pankow. Klaus Wowereit erklärt: Der Senat will bauen. (…)

Kompromisse, Ausweichstandorte, Terminverschiebungen wären jetzt nicht mehr möglich gewesen. Nicht mit diesen Studenten in ihrem Protestcamp. Die feiern gerade basisdemokratische Erfolge und werfen so viel Elan und unverdorbene Moral in die Waagschale, die würden auf kein vages Zukunftsversprechen mehr reinfallen."

9 Geschafft! — Wir störten, und zwar derart massiv, dass momentan sogar das Flughafendesaster in den Hintergrund geriet. Dieser Störfall musste bereinigt werden, das gab den Ausschlag auf der Gegenseite. Raed Saleh, der Fraktionsvorsitzende der Berliner SPD, lud die Hochschulleitung zum 9. Mai 2012 ins Abgeordnetenhaus ein. Auf dem Weg dorthin rief mich der Regierende Bürgermeister an und übermittelte mir nach kurzem Vorgeplänkel zwei Worte als Marschroute für das Gespräch: „Standhaft bleiben!" So verfuhren wir, der Kanzler, eine Studentin und ich, und schlossen ein Abkommen mit der Stadtregierung und den sie tragenden Parteien.

„Änderungsantrag Fraktion der SPD und Fraktion der CDU", lautete die Überschrift über dem Agreement; das der HfS überlassene Exemplar steht seither hinter Glas in meinem Arbeitszimmer. Die Vereinbarung war, wie sich noch zeigen sollte, von zeitraubenden Kautelen nicht ganz frei, aber unser Hauptziel hatten wir erreicht: Der „Standort Chausseestraße" war wieder im Spiel; dort würden wir bauen.

Dort *bauten* wir seit 2014, dank einer Zuwendung des Bundes sogar mit Cafeteria, und dort feiern wir nun die Inbesitznahme des Baus ... Prosit!

Kai Schlegel (Kanzler von 2010–2017) im Gespräch mit Studierenden auf dem besetzten Campus

Abbruch in den ehemaligen Opernwerkstätten

Im Gespräch mit Theaterkritikerin und Moderatorin Irene Bazinger (Mitte hinten, im Uhrzeigersinn): Steffi Kühnert (Schauspiel), Holger Zebu Kluth (Rektor), Wanda Golonka (Choreographie), Rebekka David (Studentin Regie), Friedrich Kirschner (Digitale Medien im Studiengang Zeitgenössische Puppenspielkunst), Manfred Ortner (O&O Baukunst), Andreas Becker (Technischer Leiter) und Friedrich Barner (Hochschulrat, Direktor Schaubühne).

WOHIN SOLL DENN DIE REISE GEH'N, WOHIN, SAG, WOHIN, JA, WOHIN?*

Ein Tisch, neun Personen, und als Thema: die Hochschule für Schauspielkunst Ernst Busch – einst und jetzt, ganz und gar, am Rand und in der Mitte

Rebekka David
Wanda Golonka
Steffi Kühnert
Friedrich Barner
Andreas Becker
Friedrich Kirschner
Manfred Ortner
Holger Zebu Kluth
mit
Irene Bazinger

* Pionierlied / DDR-Kinderlied von Erika Engel und Heinz-Friedel Heddenhausen aus dem Film „Die Fahrt nach Bamsdorf", deutscher Kinderfilm der DEFA von Konrad Petzold aus dem Jahr 1956.

Manfred Ortner

Irene Bazinger (IB): Wir sitzen hier auf der Bühne des bat-Studiotheaters der Hochschule für Schauspielkunst Ernst Busch. In verschiedenen Funktionen haben wir alle mit dem Theater im Allgemeinen zu tun. Am wenigsten sind im täglichen Geschäft vermutlich Sie damit beschäftigt, Herr Ortner, obwohl Sie mit Ihrem Büro sowohl diese Bühne in Prenzlauer Berg umgebaut als auch das neue Gebäude, den Zentralstandort in der Zinnowitzer Straße im Bezirk Mitte, entworfen haben. Was bringt Sie als Architekt, der bleibende Werte schafft, zu einer so flüchtigen Kunst wie dem Theater?

Manfred Ortner (MO): Wir haben uns als Architekten schon seit Jahren mit Theaterbauten beschäftigt, etwa dem Schiffbau, der 2000 eröffneten Dependance des Schauspielhauses Zürich. Das ist ein sehr komplexes Stück Architektur geworden, mit Werkstätten, sogar Wohnungen und einem der wohl besten Restaurants von Zürich. Der Schiffbau hat von der Atmosphäre her ein bisschen von dem, was wir auch am neuen Zentralstandort der HfS zu realisieren versuchten, basierend auf der Frage: Wie begegnet man der vorhandenen alten Bausubstanz? Wir wollten mit dem Altbau anständig umgehen, auch wenn er vorher nur Werkstätten – für die Berliner Opern nämlich – beherbergt hatte. Er hat meiner Meinung nach bis heute einen gewissen Charme, den es zu erhalten galt. Trotzdem war etwas Neues notwendig. Ich glaube, diese Überlegungen waren auch ausschlaggebend dafür, dass wir den Wettbewerb für den Neubau der Hochschule gewonnen haben. Uns war es wichtig, die Idee eines Theaters – denn das neue Gebäude beherbergt neben anderen Räumen auch zwei Bühnen – nicht nur nach innen, sondern überdies nach außen zu vermitteln. So wollten wir zeigen, dass das Gebäude nichts mit dem zu tun hat, was sich ringsherum befindet, nämlich mit den üblichen Büro- oder Wohnungsgebäuden mit ihren uniformen Fassaden. Nein, der Neubau ist ein Statement. Das muss er in dieser Gegend im Bezirk Berlin-Mitte auch unbedingt sein, gerade in diesem Hinterhof in einer städtebaulich relativ schwierigen Lage.

Die Idee eines Theaters – nicht nur nach innen, sondern überdies nach außen zu vermitteln.

Holger Zebu Kluth (HZK): Aber was für ein eminenter Hinterhof ist da jetzt in der Zinnowitzer Straße entstanden!

MO: Ja, danke, es ist wirklich ein fantastischer Hinterhof geworden, das finde ich auch. Im Büro Ortner & Ortner Baukunst beschäftigen wir uns selbstverständlich nicht nur mit Theaterneubauten. Ich kann Ihnen sagen, wie ich zum Theater kam. Im Gymnasium wurden wir in Aufführungen geschickt, damals war das für mich eine ziemlich abgestandene Sache, sehr elitär, und man musste sich fein anziehen dafür. Das tue ich heute gern, wenn ich ins Theater gehe, aber als Jugendlicher war das für mich natürlich ein Horror. Das Theater hatte damals wenig mit der Realität zu tun. Komischerweise hat sich das in meinen Augen heute vollkommen umgedreht. Heute hat das Theater viel mehr mit der Realität zu tun als diese ganze Internet-Blase. Plötzlich merkt man, auf der Bühne spielt sich das Leben ab, hier wird es auf den Punkt gebracht. Es hat letztlich ganz direkt auch mit der Stadt zu tun, in der das Theater steht – nicht zuletzt durch die zentrale Lage, in denen sich die meisten Bühnen befinden.

Auf der Bühne wird das Leben auf den Punkt gebracht.

IB: Sie haben zum Theater gefunden, und das Theater hat Sie gefunden?

MO: Ja, und eine der stärksten Eindrücke bei dieser Annäherung verdanke ich meinem Beruf. Das war allerdings keine abgeschlossene Inszenierung, sondern eine Probe. Da sitzt man im Theatersaal, Sie kennen das ja alle, es sind keine Zuschauer da, nur in den vorderen Reihen ein paar Leute, Assistenten, Hospitanten, und auf der Bühne haben sich einige Schauspieler getummelt, gesungen, getanzt, probiert – immer wieder dieselbe Szene. Ich konnte sehen: Das ist nicht wie im Film, da wurde nicht gedreht und dann fertig, sondern es wurde immer wieder verändert, korrigiert, nochmals gespielt. Das war für mich das Größte! Ich habe mir gewünscht, das würde ewig so weitergehen und ich könnte dabei sitzen und zuschauen!

Die Sehnsucht des Architekten, ein Werk immer weiterentwickeln zu können.

IB: Ist das ein bisschen die Sehnsucht des Architekten nach den Möglichkeiten, ein Werk immer weiterentwickeln zu können? Denn wenn Sie ein Gebäude fertiggestellt haben, bleibt es erst mal so, oder?

MO: Vielleicht, ja ... Wenn wir etwas verändern wollen, müssen wir ein neues Gebäude errichten. Das ist im Theater anders, wie beneidenswert!

IB: Als technischer Leiter sitzen Sie, Herr Becker, an der Schnittstelle zwischen Architektur und Vergänglichkeit. Sie sorgen für die stabile Umsetzung der Bühnenbildentwürfe, der Beleuchtungsvorschläge, der Sound- und Musikwünsche der Studierenden – und dafür, dass alles nach ein paar Aufführungen wieder abgebaut und aufgelöst wird. Wie kamen Sie in diese Position?

Andreas Becker (AB): Ich habe in den Dekorationswerkstätten der Komischen Oper als Tischlermeister gearbeitet und bekam Mitte 1988 einen Anruf von den damaligen Chefs des bat-Studiotheaters, Peter Kleinert und Peter Schroth, weil die Position des technischen Leiters neu besetzt werden musste. Der Schauspieler Axel Wandtke, mit dem die zwei viel zusammengearbeitet haben und der ein guter Freund von mir ist, hatte mich empfohlen. Ich wurde genommmen und habe dann angefangen, das Theater den Anforderungen der Lehre anzupassen. Das war vorher nicht so, da passierte ziemlich wenig, etwa alle drei, vier Monate eine Premiere, die Inszenierungen liefen en suite durch, zwischendurch wurde vielleicht mal ein öffentliches Szenenstudium gezeigt. Das ist mit dem Betrieb heute überhaupt nicht mehr vergleichbar, da gibt es viel mehr wechselnde Produktionen und dementsprechende Anforderungen an die Technik. In den letzten Jahren ist das bat-Studiotheater erheblich modernisiert worden. Die diesbezügliche Zusammenarbeit mit dem Büro Ortner & Ortner fand ich extrem zufriedenstellend und effektiv. Wir waren immer wirklich sehr nahe beieinander. Im Prinzip haben wir technisch im bat-Studiotheater, das wir weiterhin bespielen werden, das gleiche Konzept wie am neuen Zentralstandort mit seinen zwei Bühnen verwirklicht. Was hier eingebaut wurde, ist weitgehend ähnlich auch dort vorzufinden.

Das Theater den Anforderungen der Lehre anzupassen.

IB: Herr Barner, Sie arbeiten schon lange in Berlin, allerdings im Westteil der Stadt, und zwar seit 1989 in wechselnden Funktionen an der Schaubühne. Inzwischen sind Sie Vorsitzender im Hochschulrat der HfS Ernst Busch und bestens mit allen Vorgängen in und um die Hochschule vertraut. Wann kamen Sie zum ersten Mal hierher?

Friedrich Barner (FB): Ich war 1990 zum ersten Mal im bat-Studiotheater, zusammen mit unserer damaligen künstlerischen Leiterin Andrea Breth und den Dramaturgen Dieter Sturm und Wolfgang Wiens. Das war also kurz nach der Wende, wir wollten uns eine Vorstellung anschauen – und hatten große Orientierungsschwierigkeiten. Das ist inzwischen natürlich völlig anders. Seit 1999 ist Thomas Ostermeier künstlerischer Leiter der Schaubühne, er hat an der HfS seine Ausbildung als Regisseur absolviert und eine enge Zusammenarbeit zwischen den beiden Institutionen angebahnt. Dieser Prozess ist zurzeit besonders spannend, weil der Umzug die große Chance bietet, noch mal alle Themen, die mit der Hochschule zusammenhängen, neu zu denken. Das finde ich sehr wichtig, zumal ich an einem Theater arbeite, das sich nach wie vor mit dem Ensemble-Gedanken identifiziert. Die Schaubühne hat ein festes, stehendes Schauspielensemble. In ihrem Ausbildungskonzept ist das auch an der HfS ein wichtiges Element. Da die Zeiten sich ändern und die Herausforderungen steigen, ist es ganz wichtig, glaube ich, sich dieser gemeinsamen Basis zu versichern und dabei aufeinander einzuwirken. Die Koproduktionen mit der HfS, an denen Studierende mitmachen, sind für die Schaubühne ein wahnsinnig belebender Prozess – weil junge Leute kommen, die noch nicht so in unseren Denkschemata drin sind. Diese ergeben sich ja nicht durch Routine, sondern einfach, weil man viel produzieren, viel aufführen und an die Zuschauerzahlen denken muss. Große Theater haben eben Strukturen, die einerseits Vorteile im Arbeitsablauf bringen, andererseits aber auch Begrenzungen schaffen.

IB: Frau David, Sie studieren im vierten Jahr Regie an der HfS. Wie haben Sie die unterschiedlichen Welten erlebt, also an der HfS und im professionellen Bereich?

Der Umzug bietet die große Chance, Zusammenhänge neu zu denken.

Friedrich Barner

Rebekka David (RD): Ich kenne beide Welten ganz gut, denn ich habe relativ lange hospitiert und dann als Assistentin am Deutschen Theater Berlin und am Theater Basel gearbeitet. Dort habe ich ziemlich schnell gemerkt, dass ich unbedingt Regie studieren möchte, bevor ich selbst Regisseurin werde, weil ich nicht nur aus der Praxis lernen wollte. Gerade am Stadttheater hatte ich das Gefühl, dass es viele Sachen gibt, die für mich problematisch sind und die ich gern anders machen würde, aber ich wusste gar nicht, wie das gehen könnte. Ich wollte erst mal entdecken können, was ich eigentlich suche, ich wollte ein paar Experimente machen, und dafür ist ein Stadttheater natürlich nicht da. An der HfS habe ich mich beworben, weil es mir wichtig war, das Handwerk des Theatermachens richtig und gründlich zu erlernen. Meine Ausgangsposition war: Der Regisseur, die Regisseurin ist nicht per se ein Genie und erschafft auch nicht alles aus seiner Imaginationskraft, sondern es gibt ein Handwerk, das man erlernen kann und mit dem man arbeiten muss. Ich wollte verschiedene Methoden kennenlernen, um sie später zu befolgen oder mich davon zu distanzieren – aber vor allem wollte ich über das Spektrum Bescheid wissen und erfahren, was es da alles gibt.

Der Regisseur, die Regisseurin ist nicht per se ein Genie.

IB: Hatte es Ihnen geholfen, dass Sie schon so viel gemacht hatten und feste Regieassistentin waren, um als Studentin unter vielen anderen Bewerberinnen und Bewerbern angenommen zu werden? Braucht man das heute für einen Studienplatz an der HfS?

RD: Nein, gar nicht, meine Regie-Studienkolleginnen und -kollegen kommen alle aus ganz unterschiedlichen Zusammenhängen. Nicht alle haben schon am Theater gearbeitet. Das ist auch gut so, sonst säße man da ja mit sechs Regieassistentinnen und -assistenten ... Der Mehrwert, den man hier an der HfS hat, ist der vielfältige Erfahrungsbereich der Studierenden. Alle bringen etwas anderes mit, aber alle verbindet die Faszination für das Theater.

IB: Frau Kühnert, am Bekanntesten aus dem Ausbildungsangebot der HfS sind die Schauspielerinnen und Schauspieler – Sie sind mit Ihren Theaterarbeiten wie mit Ihren Filmen ein gutes Beispiel dafür.

Rebekka David

Steffi Kühnert (SK): Ich bin wirklich ein Kind der „Busch". Den ersten Test für die Ausbildung an der HfS habe ich noch im „Alten Bootshaus" in Schöneweide abgelegt, meine Aufnahmeprüfung war dann in Marzahn in der Übergangsschule, und angefangen habe ich 1981 in dem damals gerade fertiggestellten Neubau in der Schnellerstraße. Wir haben ihn eingeweiht, wir waren die Ersten, die ein vierjähriges Hochschulstudium absolvierten. Bis dahin war es eine Fachschule, die Berliner Schauspielschule, mit dreijähriger Ausbildung gewesen. Viele Jahre später kehrte ich als Dozentin zurück, wurde 2009 als Professorin berufen. Und nun ziehe ich mit der HfS nochmals um, in ein viertes Haus!

IB: Sie sind Schauspielerin und Sie unterrichten Schauspiel. Manche Ihrer Kolleginnen und Kollegen sagen ketzerisch, Schauspielerei kann man gar nicht lehren. Was entgegnen Sie denen?

SK: Man kann auf jeden Fall ein gewisses berufliches Rüstzeug lehren und erlernen, und das ist ein großer Teil der Ausbildung an der HfS Ernst Busch. Uns wird ja manchmal vorgeworfen, die Absolventinnen und Absolventen der Hochschule seien zu handwerklich orientiert, zu perfekt, sie werden als „die Busch-Maschinen" beschimpft! Das mag irgendwann in der Vergangenheit nicht ganz falsch gewesen sein, aber es hat sich inzwischen doch stark verändert. In den Köpfen da draußen ist dieser Vorwurf allerdings immer noch präsent. Da ich ja weiß, wovon ich spreche, muss ich sagen: Das Handwerk, um seinen Körper zu beherrschen, also sein Material im Griff zu haben, ist für eine Schauspielerin und einen Schauspieler von unschätzbarem Wert! Gerade in der heutigen Zeit, wo man nicht nur im herkömmlichen Sinne Theater spielt und geradlinig Geschichten erzählt, sondern wo die Aufführungen sehr oft performativ übergreifen und es Gratwanderungen zwischen den Genres gibt, finde ich es enorm wichtig, nicht den zweiten vor dem ersten Schritt zu machen. Erst muss man das Handwerk erlernen, dann kann man es eventuell wieder „vergessen", also etwas vielleicht ganz Neues kreieren. Das Handwerk schützt eine

Das Handwerk: um seinen Körper zu beherrschen, also sein Material im Griff zu haben.

Schauspielerin oder einen Schauspieler im Übrigen auch vor dem unbewussten, ungewollten Verschleiß.

IB: Dieses technische Rüstzeug hilft Ihnen, den Kern einer Figur zu entwickeln und sich dabei gleichzeitig als Person zu schützen?

SK: Ja, bestimmt, denn das andere, die individuelle Note, das kreativ Besondere, kann ich trotzdem immer noch entwickeln, das wird ja nicht eingestampft, aber es kann sich auf ein solides technisches Fundament stützen.

IB: Ist denn die Lehrmeinung noch verbreitet, dass sich ein Regisseur möglichst unangenehm bis grob zu den Schauspielerinnen und Schauspielern verhalten soll, um sie zu Höchstleistungen zu treiben? *Dass sie quasi gebrochen werden sollen?* um ihnen möglichst viel entlocken und abtrotzen zu können, was ansonsten unter dem Alltagsschutzpanzer verborgen bliebe?

Steffi Kühnert

SK: Der Meinung bin ich nicht. Von solchen Methoden halte ich gar nichts. Ich bin auch absolut für angstfreie Räume. Jemanden zu brechen, kann schon mal den einen oder anderen Effekt haben, aber der ist nur temporär und schwer über längere Zeit zu halten. Wenn jemand fertig gemacht wird, um ans „Wesentliche" zu kommen, an die versteckte Emotionalität, dann lässt sich das meistens nicht wiederholen, weil das eben nur von Fall zu Fall funktioniert. Wer fällt denn darauf mehrfach herein? Auf der Bühne brauchen wir aber Wiederholbarkeit.

Es gibt natürlich auch bei uns verschiedene Persönlichkeiten im Kollegium, die auch verschieden unterrichten. Da mag schon mal jemand dabei sein, der eher auf Strenge setzt, was aber nicht gleichbedeutend damit ist, jemanden zu brechen. Ich weiß, dass man der HfS oft eher ein hartes Herangehen an die Studierenden unterstellt. Das ist mit Sicherheit längst nicht mehr so, wenn es denn jemals so gewesen sein sollte. Die Kandidatinnen und Kandidaten, die zu uns zum Test kommen, sind trotzdem oft erstaunt, dass es bei uns so menschenfreundlich zugeht, und sagen: „Was wir alles gehört haben, wie fürchterlich es bei Ihnen abläuft!" Ich antworte ihnen dann: „Wir sind doch froh, dass ihr da seid, dass wir junge Menschen finden können, die vielleicht ihr Herz fürs Theater hergeben!"

HZK: Bis etwa in die 1990er-Jahre gab es durchaus diese andere Vorstellung von Regie, nach der das halbe Ensemble während der Proben von der Regisseurin oder vom Regisseur schon mal quasi übers Knie gebrochen werden musste. An den Hochschulen wurden die Schauspielerinnen und Schauspieler damals vorgebrochen, damit die Regisseurinnen und Regisseure in den Theatern sie später nochmals brechen konnten, und aus dem Kleinholz sollte dann Kunst gemacht werden – keine Ahnung, wie das ging …

An den Hochschulen wurden die Schauspielerinnen und Schauspieler damals vorgebrochen.

FB: Es wurde jedenfalls Kunst gemacht, das sollte man dennoch feststellen!

IB: Trotz aller inhaltlich-ästhetischen Entwicklungen ist der Schauspielberuf nicht geschützt. Schlecht oder gar nicht ausgebildete Darstellerinnen und Darsteller aus TV-Serien und Soaps sind oft bekannter und verdienen mehr als ihre professionell ausgebildeten Kolleginnen und Kollegen. Wie gehen Sie damit um?

SK: Das ist wirklich schwierig, aber ja, es ist so! Ich ärgere mich darüber schon manchmal, aber da kann man, wie der Berliner sagt, nüscht gegen machen! Weil die Berufsbezeichnung nicht geschützt ist, kann jeder behaupten, sie oder er wäre Schauspielerin, Regisseurin, Puppenspielerin, Tänzerin oder Schauspieler, Regisseur, Puppenspieler, Tänzer. Das ist eine Zeiterscheinung, mit der man leben muss. Ich will ja nicht abstreiten, dass es auch talentierte Menschen gibt, die ohne Ausbildung durchkommen, aber besser wären sie natürlich in jedem Fall mit einer Ausbildung.

Talentierte Menschen, aber besser wären sie in jedem Fall mit einer Ausbildung.

FB: Viele sogenannte Schauspielerinnen und Schauspieler, die keine Ausbildung haben, machen ihren Job ein paar Jahre lang, meistens im Fernsehen. Da werden sie dann häufig auf einen einzigen Typ festgelegt. Wenn sie dafür irgendwann zu alt sind oder die Art von Serie, in der sie eingesetzt wurden, nicht mehr gefragt ist und eingestellt wird, gibt es für sie oft keine berufliche

Zukunft. Manche von ihnen sind vor der Kamera toll, aber wenn sie auf der Bühne stehen und im Zusammenhang mit einem Ensemble spielen und auf die Kolleginnen und Kollegen reagieren sollen, wo es also nicht gleich „Cut" heißt und die Szene „gestorben", also im Kasten ist, sind ganz andere Qualifikationen gefordert. Die haben sie dann kaum.

An einer Hochschule wie der „Busch" hingegen wird man für alle Fächer des Schauspielerberufs ausgebildet. An der Schaubühne arbeiten etliche Schauspielerinnen und Schauspieler, die auch für TV-Krimireihen wie den „Tatort" oder „Polizeiruf" engagiert sind. Die Gagen dort sind viel höher als im Theater, und dass man mit seinem Beruf Geld verdienen will, ist ein normaler und gesunder Aspekt. Ich finde es von der HfS sehr vernünftig, dass sie ein umfassendes berufliches Rüstzeug zur Verfügung stellt, denn es kommt schließlich darauf an, später professionell arbeiten zu können – egal in welchem Bereich. Man verlässt den Schutzraum der Hochschule, um dann in der doch etwas anders gestalteten Berufsrealität möglichst bis zur Rente auskömmlich arbeiten zu können. Dafür muss man sehr viel mitbringen. Bei den „Tatort"-Schauspielerinnen und -Schauspielern von der HfS merkt man gleich, dass sie auch auf der Bühne überzeugen und alle verschiedenen Herausforderungen bewältigen können.

Friedrich Kirschner (FK): Ja, die Absolventinnen und Absolventen werden in den Arbeitsalltag entlassen und können gar nicht genau wissen, was dort auf sie zukommt. Deshalb ist es in unserer Verantwortung, ihnen ein Rüstzeug zu geben, damit sie sich „in freier Wildbahn" behaupten können. Sie haben gelernt, dass man sich auf der Bühne eine Rolle anzieht, sie wissen, wie das geht und wie man sich damit wohl fühlt, weil man erst dann die Möglichkeit hat, das, was man sagen will, auch so rüberzubringen, dass es beim Publikum ankommt. Diesen Abstand zwischen Spielerin oder Spieler und Rolle muss man herstellen können, das betrifft besonders Studierende, die lieber mit flachen organisatorischen Hierarchien arbeiten und mit ihren eigenen biografischen Erfahrungen auf die Bühne

Friedrich Kirschner

Gelernt, dass man sich auf der Bühne eine Rolle anzieht.

gehen wollen. Über diesen Prozess wird an der HfS viel gesprochen und viel dazu gearbeitet. Die Kollegenschaft habe ich als sehr offen und aufgeschlossen für viele ähnlich gelagerte Themen erlebt.

IB: Herr Kirschner, Sie werden ab dem Wintersemester 2018/2019 den neuen Master-Studiengang „Spiel & Objekt" leiten, dessen Ziel es ist, die Auswirkungen der „digitalen Revolution" auf das Theater zu erforschen und produktiv zu machen. Sie sind also „der mit dem Internet" im Kollegium, oder? Werden Sie deswegen ein wenig belächelt oder doch eher als Bereicherung empfunden?

FK: Ja, die „digitale Revolution" wird erst mal auf mich und das Fach Puppenspiel projiziert, aber belächelt werde ich deswegen nicht. Das Theater in Deutschland erkennt langsam an, dass auf der Bühne auch Medien abseits von Video interessant sein können, dass es interaktive, partizipative Medien gibt. Das Schöne an der HfS ist ja, dass hier ein gesunder Pluralismus existiert und man die Möglichkeit hat, sich zu streiten, ohne dass man sich danach auf dem Flur nicht mehr grüßt – obwohl es vielleicht vorher hieß: „Du machst mit deinem Fach doch nur oberflächliches Internet-Gedöns!"

Stimmengewirr: Nee, nee, nee, das haben wir nie gesagt!

FK: Nun, was für die einen vielleicht oberflächliches Internet-Gedöns ist, mag für andere eine elementare Methode sein, um zu begreifen, was auf der Welt heute gerade los ist. Wichtig ist, dass man sich darüber austauschen und verständigen – und es dann zeigen kann. In der bildenden Kunst sind die Dinge ja anders ausgerichtet, da muss ich als Zuschauer einiges an Vorwissen mitbringen, um zu begreifen, wie etwa Konzeptkunst funktioniert. Im Theater hingegen kann man sehen und spüren, wie etwas auf der Bühne entsteht, sich entwickelt, vergeht. Und dass man Theater miterleben kann, hat eben auch damit zu tun, dass die Ausführenden ein Geschehen ausdrücken können, ohne dass es ihnen persönlich zugestoßen ist.

Eine elementare Methode, um zu begreifen, was auf der Welt heute los ist.

MO: Wenn Sie sagen, es geht bei der Ausbildung an der HfS um die klassische Beherrschung des Körpers, der Sprache, des Textes, dann finde ich das ganz gut, aber gibt es für die Schule darüber hinaus ein eigenes Profil? Haben die Studierenden, wenn sie die Hochschule verlassen, eine bestimmt Art des Schauspielens erlernt?

HZK: Die Schule besteht aus sehr verschiedenen Bereichen, die sich stark voneinander unterscheiden. An der Tradition der Schule liegt es, dass der Schauspiel-Zweig am bekanntesten ist. Die „Busch" wird häufig mit dem Schauspiel gleichgesetzt und die anderen Abteilungen – Regie, Puppenspiel, Tanz – werden oft nicht mitgedacht. Die Pluralität entsteht allerdings durch die verschiedenen Abteilungen, die jeweils eine bestimmte Idee verkörpern. Als bestimmte Art des Schauspielens, wie man es hier erlernt, könnte man sicherlich die Ausrichtung auf das klassische Handwerk betrachten. Ich habe in der Theaterpraxis zum Beispiel immer wieder erlebt, dass sich Zuschauerinnen und Zuschauer, die nicht in den

Pluralität durch verschiedene Abteilungen.

ersten Reihen saßen, beschwerten, weil sie die Schauspielerinnen und Schauspieler rein akustisch nicht verstanden haben. Das wird einem mit jemandem, der seine Ausbildung und den Sprechunterricht an der „Busch" absolviert hat, nicht passieren.

FB: Von Ausnahmen abgesehen.

HZK: Von Ausnahmen immer abgesehen, klar!

IB: Trotzdem noch einmal: Was könnte man als den Markenkern der „Busch" bezeichnen? Was ist das Besondere, das man hier erlernen kann, warum kommen die Studierenden hierher?

HZK: Ich werde oft gefragt, wann kommt denn die nächste Gruppe wie „Rimini Protokoll" von der „Busch" und nicht mehr vom Institut für Angewandte Theaterwissenschaft in Gießen? Das empfinde ich auf verschiedene Weise als zu kurz gedachte Frage, denn wer sagt uns jetzt, was das nächste „Rimini Protokoll" sein wird? Unsere Aufgabe ist es, zumeist junge Menschen auszubilden und ihnen das Rüstzeug für ihren Beruf mitzugeben, aber wir können sie nicht auf Avantgarde trimmen. Wenn sie fertig sind, müssen sie etwas aus dem machen, was sie gelernt haben, und ihr Beruf ist extrem vielfältig. Wir überlegen uns hier etwa, wie wir Schauspielerinnen und Schauspieler in einer Zeit ausbilden können, in der es im Theater eine unglaubliche Palette von Ästhetiken gibt. Man kann als Schauspielerin oder Schauspieler in verschiedensten Formen und Formaten arbeiten, bis hin zu neuen Serienmodellen bei Netflix, die ganz andere Erzähl- und Produktionsweisen haben. Da nützt es gar nichts, finde ich, eine Hochschule auf eine bestimmte Ästhetik festzulegen. Würden wir für gerade aktuelle Trends und Moden ausbilden, wären wir als Institution immer zehn, fünfzehn Jahre hinterher. So lange dauert es meiner Einschätzung nach, bis sich neue Entwicklungen aus dem Hochschulbereich in der künstlerischen Praxis durchgesetzt haben.

Holger Zebu Kluth

Es nützt gar nichts, die Hochschule auf eine bestimmte Ästhetik festzulegen.

IB: Können Sie, Frau David, sich vorstellen, dass eine Intendantin oder ein Intendant, bei dem Sie sich bewerben, sagt: „Sie kommen von der ‚Busch'? Nein danke!" – weil die Schule ihr oder ihm als zu konservativ oder als zu progressiv oder als was auch immer erscheint und sie oder er Sie deswegen nicht engagieren möchte?

RD: Ich hoffe, dass das nie passieren wird. An ein Haus, wo ich so eingestuft werde, ohne dass man Arbeiten von mir gesehen hat, möchte ich gar nicht gehen! Klar wird man als „Busch"-Absolventin manchmal von außen mit bestimmten Vorstellungen von dieser Hochschule konfrontiert, die überhaupt nicht stimmen und außerdem meist auf das Schauspiel konzentriert sind. Die Abteilungen sind eben sehr verschieden aufgestellt. Für mich hat es immer ganz viel gebracht, bei den Kolleginnen und Kollegen aus den anderen Fächern hineinzuschnuppern und zu erfahren, wie dort etwa mit Text, mit Stoffen, mit Material umgegangen wird. Wenn bei uns „auf der Regie" mal Stress ist und man ganz verkopft wird, gehe ich gern hinüber „in die Puppe" und gucke mir an, was die Kolleginnen und Kollegen dort so treiben – und dann bin ich meist wieder gelöst und befreit. Das liegt daran, dass so viele verschiedene Ästhetiken und Arbeitsweisen zusammenkommen und dass man so frei und inspirierend miteinander umgeht. Und das finde ich so spannend am neuen Zentralstandort: Was wird passieren, wenn endlich alle Abteilungen unter einem Dach arbeiten können? Wenn sich das alles auf ganz kurzem Wege mischt? Wenn man häufiger und leichter mitkriegt, wie die anderen arbeiten? Da wird ein ganz anderes Klima entstehen.

Dass so viele verschiedene Ästhetiken und Arbeitsweisen zusammenkommen und wie frei und inspirierend man miteinander umgeht.

Wanda Golonka (WG): Das sehen wir auch so und freuen uns auf diese Möglichkeiten des Austauschs. Die Choreographie nimmt jedes Jahr neben Choreographie-Studierenden noch zwei Regie-Studierende auf, die dann ein Jahr lang mitlaufen und sehen, wie hier gedacht, geabeitet, inszeniert wird. Das ist aber nicht immer so einfach, es muss alles mit den Lehrplänen abgestimmt werden, denn das Regiestudium darf ja nicht länger als vier Jahre dauern, auch wenn sich Studierende außerdem noch mit Choreographie beschäftigen. Also haben wir durchgesetzt, dass diese „externe" Studienzeit angerechnet wird. Dieses Modell der fachlichen Grenzüberschreitungen erweist sich bis heute

Wanda Golonka

für alle Beteiligten als sehr fruchtbar. Wir geben auch Workshops, an denen sich alle Fachbereiche der HfS beteiligen können, um das getrennte Denken zu vereinen. Wir Tänzerinnen und Tänzer, Choreographinnen und Choreographen sind es einfach gewöhnt, Einflüsse aus vielen Disziplinen aufzunehmen. Wir arbeiten immersiv und mit allem, mit Gegenständen, mit Menschen, mit Architektur, einfach mit der Welt – also mit allem, was inspiriert.

> *Tänzerinnen und Tänzer, Choreographinnen und Choreographen sind es gewöhnt, Einflüsse aus vielen Disziplinen aufzunehmen.*

SK: Solche Kooperationsmodelle gibt es auch im Schauspiel. Wenn die Studierenden ihr Studium beginnen, haben wir ein Semester lang ein gemeinsames Grundlagenseminar für Schauspielstudierende und Regiestudierende. Das ist sehr schön. Als ich damals studiert habe, waren auch noch die Puppenspielerinnen und Puppenspieler dabei. Das fand ich sehr anregend, das waren nämlich ganz andere Persönlichkeiten mit ganz anderen Arbeitsweisen. Wir versuchen gerade, das wieder hinzukriegen, was angesichts der übervollen Lehr- und Stundenpläne nicht einfach ist. Aber wir wollen, dass sich Banden bilden, dass die Studierenden querbeet miteinander ins Gespräch kommen und miteinander arbeiten. Auch deshalb betonen wir den Ensemble-Gedanken so sehr. Bei den Vorsprechen der Absolventinnen und Absolventen haben wir feststellen müssen, dass heute Monologe und so clipartige Szenen überwiegen, das ist ein richtiger Trend geworden. Dem würden wir gern entgegenwirken, weil wir immer sagen, Schauspielen ist ein Ensemble-Beruf, deshalb soll beim Vorspielen auch gezeigt werden, wie es in der Gruppe funktioniert. Das versuchen wir auch zu lehren: Wie geht Spielen im Ensemble? Was nehme ich in einer Szene von meinem Gegenüber ab, wie reagiere ich auf sie oder ihn, wo führt eine Szene hin? Das mag altmodisch klingen, aber es ist das A und O, das ist die Freude am Beruf und das ist Spielen! Und nicht, sich irgendwo hinstellen und monologisieren.

> *Wir wollen, dass die Studierenden querbeet miteinander arbeiten.*

MO: Interessant, was Sie sagen, und es trifft sich genau mit dem, was wir 2012 mit Studierenden der „Busch" an Erfahrungen auf der Architektur-

Biennale Venedig gemacht haben. Das war toll! Wir haben für die Studierenden einen zusammenklappbaren Karren entworfen, den wir natürlich Thespis-Karren genannt haben. Der stand mitten in einem Saal, an dessen Wänden Projekte von uns vorgestellt wurden. Zentral war aber dieser Karren. Wir hatten rund ein Dutzend Studentinnen und Studenten für ein paar Tage eingeladen, zur Eröffnung etwas zu spielen. Wir sind davon ausgegangen, der eine oder andere deklamiert, wir haben ihnen sogar ein kleines Büchlein mit Texten mitgegeben, an die wir gedacht hatten. Aber das war völlig falsch! Die haben nämlich angefangen, sich am Vorabend zu überlegen, was sie am nächsten Tag gemeinsam szenisch aufführen würden. Für uns war das sehr überraschend, und die Architektur-Konsumenten waren konsterniert: Was treiben denn diese Schauspielerinnen und Schauspieler da? Eine Szene involvierte die damalige österreichische Kulturministerin Claudia Schmied, deren Ministerium irgendwie als Sponsor beteiligt war. Da hatten die Schauspieler für sie im Nu ein Haus aus ihren Körpern gebaut, mit Treppe und allem! Dann stand die Ministerin oben auf den Studenten und wusste wohl auch nicht genau, wie ihr geschah! Ich dachte, ich fasse es nicht … Der Ensemble-Gedanke war da absolut perfekt zum Tragen gekommen. Es war unglaublich gut und herzerfrischend. Und eine ganz andere Art von Architekturerlebnis!

Die Schauspieler hatten ein Haus aus ihren Körpern gebaut.

IB: Was Sie hier beschreiben, ist eine ganz ursprüngliche und physische Art von Theater. In den meisten Aufführungen werden heute überdies Beamer, Videos, Handys, Kameras, Laptops und dergleichen mehr eingesetzt. Verändern diese technischen Gerätschaften die Ästhetik und die Rezeptionserwartungen des Publikums?

WG: Wir nutzen Kameras auch bereits während der Proben, um den Blick zu schulen. Das geht schneller, als sich eine Szene x-mal vortanzen zu lassen. Die Technik kann helfen, Arbeitsprozesse zu intensivieren und zu verkürzen – nicht immer, aber oft. Die technischen Hilfsmittel haben auch die Lehrformate verändert, in der Art von: Wie lernt man sehen?

MO: In der Architektur ist es haargenau so. Es gibt keinen besseren Lehrmeister als den Film. Ein Film bringt den Studierenden meist mehr als ein Vortrag. Es geht nicht nur schneller, es hilft, zu begreifen. Jeder Film kann räumliche Erfahrungen in einem ganz direkten Maß zur Anschauung bringen oder auch zur Kritik stellen. Wenn ich den Studierenden einen abgefahrenen Film wie „Blade Runner" von Ridley Scott zeige, kann ich davon ausgehen, dass sie da mehr über die Atmosphäre eines Settings, über die Beleuchtung, über die räumlichen Paradigmen begreifen, als wenn ich ihnen fünf Grundrisse erläutere.

RD: Für das Theater ist es meiner Meinung nach wichtig, dass sich durch Instrumente wie das Smartphone die Aufmerksamkeitsspanne der Zuschauer verringert hat. Wenn drei Push-Meldungen von *Spiegel Online* auf meinem Handy aufploppen, beschäftigt mich das sofort. Die reißen mich aus dem Zusammenhang, in dem ich mich gerade befinde. Im Theater kann man das ignorieren und sich Zeit nehmen für das, was auf der Bühne passiert. Da hört man auf, ständig mit der Außenwelt verkabelt zu sein und konzentriert sich auf etwas ganz anderes.

IB: Laut einer im Magazin *Focus* zitierten Studie des Softwarekonzerns Microsoft aus dem Jahr 2015 hat der Durchschnittsmensch eine Aufmerksamkeitsspanne kürzer als ein Goldfisch, bei dem sie neun Sekunden beträgt. Sie ist zwischen 2000 und 2013 von zwölf auf acht Sekunden gesunken, nicht unbeeinflusst vom flächendeckenden Gebrauch von Smartphones. Müssen Sie darauf in der Ausbildung an der HfS reagieren?

FK: Ist es nicht zu kurz gegriffen, für alles das Smartphone verantwortlich zu machen? In den letzten zehn Jahren hat sich doch mehr verändert! Das sind doch Nebelkerzen, wenn ich bedenke, durch wie viele Wirtschaftskrisen, gesellschaftliche Krisen, politische Krisen, wie viele Kriege wir in dieser Zeit gegangen sind! Jetzt soll plötzlich das Smartphone an allem schuld sein? Ich bin 1980 geboren und kann keinen Unterschied in der Aufmerksamkeitsspanne

Irene Bazinger und Steffi Kühnert

Der Durchschnittsmensch hat eine Aufmerksamkeitsspanne kürzer als ein Goldfisch.

zwischen mir und jemandem, der vielleicht Mitte zwanzig ist, erkennen, echt nicht.

FB: Ich sehe durchaus ein Aufmerksamkeitsproblem seitens des Publikums und frage mich, wie es überwunden werden kann. Machen die technischen Entwicklungen diesen Sprung in die Konzentration noch schwerer als früher, sollte die Ausbildung darauf reagieren oder reicht das klassische Instrumentarium aus?

RD: Ich weiß gar nicht, ob dafür eine andere Methode notwendig ist. Das, was wir hier lernen, ist schon ausreichend, glaube ich. Was ich als Regisseurin zu realisisieren versuche, ist etwas, das das Publikum ansprechen und treffen sollte, das mit ihm zu tun hat, und damit kann ich seine Aufmerksamkeit hoffentlich gewinnen und behalten.

HZK: Die Geschichte des Technik-Bashings fängt nicht beim Smartphone an, sondern schon bei Johannes Gutenberg und der Erfindung des Buchdrucks – weil danach so wahnsinnig viele schlechte Bücher gedruckt werden konnten.

Seitdem geht angeblich auch das Theater unter. Fakt ist aber, dass sich die Menschheit, historisch gesehen, immer weiter beschleunigt hat und sich mit Veränderungen hinsichtlich der Wahrnehmung des Phänomens Zeit auseinandersetzen muss.

Es bleibt der Unterschied bestehen, wie sich verschiedene Ereignisse erleben lassen.

FB: Trotzdem bleibt der Unterschied bestehen, wie sich verschiedene Ereignisse erleben lassen: Ein Film wird aus einzelnen Szenen zusammengesetzt, man kann ihn sich im Kino wie auch zu Hause anschauen und einfach zwischendrin stoppen, wohingegen man sich einem Theaterstück live aussetzen muss. Es läuft linear auf der Bühne ab. Sich für ein solches Ereignis Zeit zu nehmen und dafür ein Gefühl zu entwickeln, fällt vielen Menschen zunehmend schwer. Man sieht ja oft, dass manche während der Vorstellung auf ihre Handys gucken. Lars Eidinger spielt solche Zuschauer gern direkt an, dann ist meist auch Schluss damit. Das trauen sich viele Schauspielerinnen und Schauspieler aber nicht. Ich glaube schon, dass die Möglichkeiten, sich abzulenken, viel größer sind als früher. Meine Mitschülerinnen und Mitschüler und ich sind Anfang der 1970er-Jahre ins Theater gegangen, um mal etwas anderes zu sehen und zu erleben. Es kamen dort auch Dinge vor, die im Alltag überhaupt nicht auftauchten. Als ein Schauspieler einmal nackt auf der Bühne stand, war ich vollkommen verblüfft, dass sich das jemand in aller Öffentlichkeit traute. Das war damals ein veritabler Tabubruch! Die Bühne bot den Freiraum für solche Aktionen. Den muss man sich als Theater heute ganz anders erobern.

Das Theater hat den Zenit dessen erreicht, was es kulturell in der Gesellschaft abbilden kann.

FK: Ich finde, dass das Theater gegenwärtig den Zenit dessen erreicht hat, was es kulturell in der Gesellschaft abbilden kann. Auch dank der sozialen Medien ist es mittendrin. Das Theater funktioniert nur als Live-Erlebnis. Und die Leute wollen live dabei sein! Wenn mir *Spiegel Online* eine Push-Nachricht schickt, dass etwa die Türkei gerade in Syrien einmarschiert, bin ich auch quasi live dabei. Viele Leute wollen eben immer und direkt mit der ganzen Welt verbunden sein, mir geht es nicht anders.

RD: Und du meinst, dass die Leute deswegen mehr ins Theater gehen?

FK: Ich finde, dass es in Berlin wahnsinnig schwer einzuschätzen ist, wer wann wieso ins Theater geht. Aber es gibt überall Massen von Menschen, die sich live anschauen, wie andere zum Beispiel Videospiele spielen.

RD: Genau, aber sie sind ja nicht wirklich dabei …

FK: Doch, doch, per Internet sind sie dabei und sie spielen mit und sie geben Tipps und sie spielen teilweise auf dem gleichen Server. Die Idee, dass man physikalische Distanzen per Knopfdruck überwinden kann, charakterisiert doch unsere Zeit!

HZK: Es ist natürlich wichtig, möglichst früh Zuschauer für das Theater heranzuziehen. Hamburg etwa hat jetzt endlich wieder Theater als Schulfach bekommen. Was die Schülerinnen und Schüler dann zu sehen kriegen, ist erst mal egal. Hauptsache, das Theater bietet ihnen etwas, mit dem sie sich ganz schnell infizieren können, das sie begeistert und fesselt. Ich bin auch irgendwie ein Produkt des Schultheaters. Seit ich als Kind in der Schultheatergruppe gelandet bin, blieb ich dem Theater verbunden. Ich hatte damals einen ganz tollen Lehrer, bei dem ich sehr viel gelernt habe. Dadurch habe ich immer mehr verstanden und so konnte ich auch immer mehr Dinge aus der künstlerischen Praxis akzeptieren, ja lieben. Irgendwann hatte ich die Mittel, um vieles, was auf der Bühne geschah, für mich zu dekodieren. Ab dann fing das Theater an, ganz intensiv mit mir zu sprechen, und das blieb als Bereicherung für mein ganzes Leben.

Die Probleme, Leute ins Theater oder in Ausstellungen zu bekommen, stellen sich zweifelsohne in zunehmend höherem Maße, weil einfach überall so viel stattfindet, aber das sind Marketingprobleme, finde ich. Zum Beispiel kann sich kaum noch ein Theater Plakate leisten, die Präsenz im öffentlichen Raum ist wahnsinnig teuer geworden. Und wie man über die sozialen Medien Leute mobilisiert, hat noch niemand so ganz genau herausgekriegt.

WG: Im Bereich von Choreographie geht es viel um Erfahrungsräume und

Manfred Ortner und Andreas Becker

Wie man über die sozialen Medien Leute mobilisiert, hat noch niemand so ganz genau herausgekriegt.

die Möglichkeit, dass die Zuschauer emotional und geistig einsteigen können. Der Tanz hat wie die Musik die Fähigkeit, abstrakte Räume zu kreieren und sich mit dem Publikum kurzzuschließen.

HZK: Wir reden fast ausschließlich über die großen Häuser, wenn wir vom Theater reden. Man kann im streng kapitalistischen Sinne sagen, wir reden immer nur über die Reichen – nicht über die freie Szene, nicht über die Privattheater, die oft anspruchsvolle Stücke und nicht nur Ehebruchskomödien spielen, gerade in kleineren Städten, die gar kein anderes Theater haben. Um noch einmal auf die Hochschule und die Lehre zu kommen: Wir bilden Schauspielerinnen und Schauspieler aus, die auf den großen Bühnen bestehen können, wo ihnen ein gutes Handwerk unbedingt hilft, und die natürlich auch auf kleineren Bühnen überzeugen können. Die großen Häuser haben klassischerweise immer eine zentralperspektivische Guckkastenbühne. Irgendwann ist es limitiert, was man darin zeigen kann. Bestimmte ästhetische Entwicklungen sind da kaum noch möglich, deshalb ist die Sehnsucht nach neuen Spielräumen riesig. Allerdings können wir die Studierenden nicht auf alle Entwicklungen vorbereiten, die irgendwann passieren, die kann man weder vorhersehen noch ließe sich derlei in die Lehrpläne integrieren.

Die Sehnsucht nach neuen Spielräumen ist riesig.

AB: Baulich ist die „Busch" auf jeden Fall schon ein Stück weiter. Es gibt im bat-Studiotheater und am Zentralstandort insgesamt drei Studiobühnen, davon aber keine einzige Guckkastenbühne. Jede Regisseurin, jeder Regisseur kann sich den Raum selbst entwerfen. Das ist auch ganz im Sinne der Regieprofessorinnen und -professoren.

IB: Herr Becker, werden Sie in die künstlerischen Gestaltungsprozesse einbezogen, wenn ein Regiestudierender auf sie zukommt?

AB: Ja, denn traditionell arbeiten die Techniker der Hochschule sehr eng mit den Lehrenden und den Studierenden zusammen. Es gibt einen permanenten Austausch. Das ist sehr gut.

RD: Es ist wirklich einer der spannendsten Momente, wenn man sich dies und das konzeptuell für eine Inszenierung ausgedacht hat – und dann kommt man mit der Bühnenbildnerin oder dem Bühnenbildner samt dem Bühnenbildmodell an und fragt Andreas, was er dazu sagt.

AB: Das ist auch für uns die spannendste Situation! Die Entwürfe und demnach die Anforderungen an uns sind ja höchst unterschiedlich. Die starke Verzahnung zwischen Lehrenden, Studierenden und technischem Personal hat sich über die Jahrzehnte als Arbeitsprinzip verstärkt. Wie besonders das ist, merken wir immer, wenn wir zu einem Gastspiel fahren, wo man oft anders miteinander umgeht. Wir arbeiten ja permanent mit Anfängerinnen und Anfängern, das verlangt eine ständige Offenheit gegenüber Vorschlägen, Ideen, auch Ab- oder Umwegen. Die HfS sorgt für einen Schutzraum, in dem sich die Jungen ausprobieren können, und wir unterstützen sie dabei als Techniker.

MO: Man muss dazu sagen, dass die Bühnenräume relativ klein und überschaubar sind, auch was die Mittel betrifft, die man einsetzen muss, um Effekte zu erzielen. Das ist schon eine extrem gute Probiersituation, eine konstruktive Werkstatt.

Architektur und Theater gehören zusammen.

FB: Architektur und Theater gehören zusammen. Es haben sich ja über die Jahrtausende bestimmte Sehgewohnheiten herausgebildet, die auf Erfahrungen gründen, wie man eine Aufführung normalerweise gut verfolgen kann. Dass die heutige Schaubühne zum Beispiel so aussieht, wie sie aussieht, ist auch dem einstigen künstlerischen Leiter Peter Stein zu verdanken. Das alte Kino von Erich Mendelsohn wurde ja für die Schaubühne so umgebaut, wie wir sie seit 1981 kennen. Wir haben damals genau das gekriegt, was wir haben wollten: keine Trennung zwischen Bühne und Zuschauerraum und drei Säle, die man zusammenlegen und trennen kann. In einem Saal sollte probiert werden, im nächsten gespielt, und der Saal C war für kleinere Produktionen vorgesehen. Das ging gut für die Jahre, in denen wir monatelang das gleiche Stück aufführten. Denn Umbauten sind aufwendig, da drückt man nicht einfach auf einen Knopf, woraufhin das eine Bühnenbild wegfährt und das nächst hereinkommt. Nein, das ist ein sehr mühseliger Prozess mit viel Handarbeit.

AB: Technische Probleme kennen wir auch, unabhängig von der Frage, wohin sich das Theater künstlerisch entwickelt. Wir können uns natürlich überhaupt nicht mit der Schaubühne vergleichen, denn bei uns kann man die Zuschauertribüne einfach reinrollen und wieder raus. Und die Studierenden können sich die Raumgestaltung selbst aussuchen, aber es ist eben alles viel, viel kleiner! Da kann man alles ausprobieren und sich schön streiten.

FB: Der überwiegende Teil der Zuschauer will sich nach meiner Erfahrung im Theater konzentrieren, will die Darstellerinnen und Darsteller hören und sehen, will der Geschichte folgen können. Daraus ergeben sich nach und nach räumliche Situationen, die überall relativ ähnlich aussehen. Selbst in die großen Hallen wie im Schiffbau Zürich werden häufig ganz klassische Bühnen und Tribünen eingebaut.

MO: So ist es!

FB: Daraus könnte man ja für Theaterneubauten lernen: dass ab einer gewissen Größe ein undefinierter leerer Raum nicht unbedingt ideal ist.

FK: Da beißt sich doch die Katze irgendwann in den Schwanz, wenn man einerseits sagt, das Publikum möchte es so und so haben, und wenn man sich andererseits wünscht, langsam ein anderes Publikum ins Theater zu bringen.

FB: Wer hat gesagt, dass man das will? Die Frage ist doch, wie bewahrt man sein Herz, sein Zentrum, und kriegt das Publikum trotzdem ins Haus.

MO: Aus architektonischer Sicht hat Herr Barner den Nagel auf den Kopf getroffen. Zwangsläufig ist ein großer Raum nicht unbedingt ein guter Raum zum Spielen. Da hat er absolut Recht!

HZK: In konventionellen Räumen gibt es konventionelles Theater. In anderen Räumen spielt man natürlich anderes Theater.

FB: Das würde ich so selbstverständlich zurückweisen!

WG: Die Frage der Architektur ist tatsächlich eine zentrale Frage für die Zukunft von Theater, unabhängig von den Sparten. Sie erfordert auch ein ständiges Nachdenken für die Lehre. Tanz hat das Pech, dass es kein Tanzhaus in Berlin gibt, und das

Wanda Golonka und Rebekka David

Die Frage der Architektur ist eine zentrale Frage für die Zukunft von Theater.

Glück, dass es hier kein Tanzhaus gibt! Dadurch ist die Experimentierfreude enorm. Man sucht sich die Räume je nach seinem Projekt. Ich liebe das Theater und die Guckkastenbühne. Aber da passen eben andere Stücke hinein. Es ist toll mit dem bat-Studiotheater als Labor für die Studierenden, dass man es so vielfältig nutzen und sogar auch zum Guckkasten umbauen kann.

IB: Die HfS hat mit dem Umzug auch ganz konkret einen elementaren Raumwechsel zu bewältigen – vom Stadtrand in die Mitte der Stadt. Wie wird die Stadt auf die Hochschule reagieren? Haben Sie ein bisschen Angst? Oder überwiegt die Freude?

Wie wird die Stadt auf die Hochschule reagieren?

HZK: Historisch wird die Hochschule zum ersten Mal eine Einheit bilden und tatsächlich EINE Hochschule unter einem einzigen Dach sein, nicht mehr ein Konglomerat aus verschiedenen, im Ostteil Berlins verteilten Instituten. Ich bin letztens wieder einmal alle Abteilungen mit den öffentlichen Verkehrsmitteln abgefahren und habe am Ende festgestellt, dass ich dafür vier Stunden unterwegs war, also quasi einen halben Arbeitstag. Insofern begreife ich den Umzug als unglaubliche Chance.

Die Hochschule wird in der Stadt ein fester Ort und kann sich von dort mit gebündelten Kräften ganz anders in das Stadtleben einmischen.

Worauf ich mich noch sehr freue: Die Hochschule wird in der Stadt ein fester Ort. Zum guten Namen, den sie schon hat, bekommt sie hoffentlich eine gute Adresse und kann sich von dort mit gebündelten Kräften ganz anders in das Stadtleben einmischen als bisher – im Sinne auch von Diskussionen, wie wir sie hier führen und wie sie ja in vielen Theaterinstitutionen stattfinden. Ich habe oft keine Lust mehr, bestimmte Diskussionen an bestimmten Orten zu besuchen, weil ich genau weiß, der Vortragsort wird den Gesprächsverlauf entscheidend bestimmen. Eine Diskussion über Theaterästhetik wird im Deutschen Theater anders ausgehen als im HAU. Die Hochschule könnte sich da ganz anders einschalten, weil wir viel freier und offener argumentieren können. Künstlerische Auseinandersetzungen bedeuten für uns nicht gleich ökonomische Auseinandersetzungen, denn wir sind auf keine Zuschauerquote angewiesen, wir können experimentieren und ausprobieren, ohne dass uns eventuell Mittel gekürzt werden, sollten die Besucher ausbleiben. Deshalb weiß man, wenn man eine Debatte am Zentralstandort der HfS besuchen wird, nicht notwendigerweise, wie sie aussehen wird.

MO: Was den internen Austausch und den unkomplizierten Informationsfluss hoffentlich noch befördern wird, ist die Cafeteria. Wir haben sie nicht als Mensa konzipiert, die außerhalb der Essenszeiten drei Viertel des Tages leer steht, sondern als immer geöffneten Treffpunkt, der an das Foyer vor den Probebühnen im Erdgeschoss angeschlossen ist. Da gibt es genügend Flächen, um sich hinzusetzen, sich zu unterhalten, ohne Befehl und Anlass!

HZK: Nach Schöneweide ist man morgens hinausgefahren und abends zurück, zwischendurch fuhr keiner irgendwo anders hin. Dadurch hat sich so ein natürlicher Campus-Charakter ergeben. Das hatte erst mal sehr viel Schönes. Da werden die Verlockungen durch die Lage in Mitte ganz andere sein. Die Hochschule könnte sich vom Aufenthalts- zum Dienstleistungsort für den Unterricht entwickeln, was ich allerdings nicht begrüßenswert fände. Ich vertraue auf das Interesse der Studierenden aneinander und untereinander, dass da so ein Sog entsteht und man nicht gleich abhaut, nur weil man auch beim übernächsten Starbucks Kaffee trinken könnte anstatt in unserer Cafeteria. Ich wünsche mir, dass sich der Organismus der Hochschule nicht am Zentralstandort atomisiert und man nur zum Unterricht zusammenfindet, sondern auch darüber hinaus zusammenbleibt. Ich hoffe, dass sich da schnell eine neue Atmosphäre herausbildet, die einen eigenen Bindungscharakter von innen her schafft, den Schöneweide von außen – durch die abgeschnittene Lage am Stadtrand – entwickelt hatte.

SK: Vielleicht möchten die Studierenden auch gar nicht mehr heraus aus ihrer neuen Hochschule, denn so richtig verlockend ist es in diesem teuren Bezirk Berlins nun auch wieder nicht.

HZK: Genau das meine ich!

MO: Nebendran stehen außer dem Gebäude des BND relativ harmlose, tra-

Andreas Becker und Friedrich Barner

Dass sich schnell eine neue Atmosphäre herausbildet, die einen eigenen Bindungscharakter von innen her schafft.

ditionelle Wohnhäuser und große Bürogebäude – also das, was man als cleane, anonyme Stadt mit ödester Zweckmäßigkeit bezeichnen könnte. Und da steckt jetzt eure Hochschule wie eine Bombe drin, mit einem Zünder mitten im Haus. Ihr seid der Zünder, ihr könnt euch jetzt endlich in das Leben der Stadt einmischen, und ihr werdet es richtig durcheinanderwirbeln! So eine Hochschule hat es noch nie gegeben, und wird es so bald wahrscheinlich auch nicht wieder geben. Unser Entwurf für den Zentralstandort ist ruppig, irgendwie provisorisch, experimentell, zu vergleichen eher mit Ateliers von Künstlern, wo es eine gewisse Art von Chaos und Sauhaufen gibt, aber auch eine gehörige Portion von Funktionalität. Dieses Gebäude ist eine Transportkiste! Niemand weiß bislang, was dort fabriziert und transportiert werden wird. Das ist meiner Meinung nach die Message, die die Hochschule ausstrahlen wird, gerade an diesem Standort!

Ihr seid der Zünder, ihr könnt euch jetzt endlich in das Leben der Stadt einmischen, und ihr werdet es richtig durcheinanderwirbeln!

FK: Das Gebäude in der Schnellerstraße war ja architektonisch keine Hochschule, sondern eher eine Mischung aus Krankenhaus und Gefängnis.

MO: Nun, ich jedenfalls habe auch intensive, äußerst positive Erinnerungen an das Quartier in der Schnellerstraße. Zeitweilig sind mir fast die Tränen gekommen, weil die jungen Leute da mit solcher Begeisterung, Frische, Individualität, Komik gelebt und studiert haben! Für uns Architekten war jeder Besuch in Schöneweide ein Lehrstück. Wir sind herumgegangen und haben die Augen aufgesperrt und sind aus dem Staunen nicht herausgekommen.

IB: Und was bleibt sonst noch in Schöneweide zurück, das Sie nicht nach Mitte mitnehmen können?

SK: Der Garten! Der war sehr schön! (Alle stimmen zu.) Den werden wir vermissen!

Thespis-Karren
Walter-Benjamin-Platz, Berlin
O&O Baukunst, 2012

REQUISITEN FÜR DIE STADT

O&O Baukunst

In einer Reihe von Projekten, zuerst von Haus-Rucker-Co, dann von O&O Baukunst, wurden Inszenierungen geplant, die der Stadtgesellschaft vorführen sollten, welche Themen, welche Gestaltungen ins Auge zu fassen und anzugehen sind. Einige als temporäre Installationen, andere als Bauten von Bestand, sind sie in ihrer Möglichkeit, Emotionen und Auseinandersetzung zu wecken, mit den Aufführungen des Theaters verwandt.

Das Fremde als Grund — Im Areal, in dem sieben Jahre später das Wiener Museumsquartier stehen sollte, befanden sich heruntergekommene Ausstellungshallen, genutzt für ärmliche Veranstaltungen. Eine dieser Hallen wurde anläßlich der Wiener Festwochen 1993 für die Aufführung des Zyklus Les Atrides von Ariane Mnouchkine genutzt. Durch verlotterte Vorräume gelangte man schließlich in den fahlen Theaterraum. Mit dünnen Eisengestänge aufgestelzte Bretterwege und Sitze, eine verschrammte hölzerne Haut, die sich in Stufen bis knapp unter die Decke des Raumes faltete. Die Bühne ein Podest quer durch den Raum an der Stirnwand. Im Dämmerlicht des Gestänges unter dieser Tribüne vereinzelt schwache Lichtquellen. Ringsum seltsames Gerümpel, fremde Geräte, um Musik zu machen, große schimmernde Gongs,

Nike, Linz
Haus-Rucker-Co, 1977

Harfen aus knorpeligem Holz, Schellen, Zupfgeigen, zwischen Rahmen gespannte Tierhäute und verzierte Stangen, runde Schilde, Töpfe aus Ton, Haufen geschichteter Kleider, goldschimmernde Geflechte, vielleicht Schmuckstücke für Kopf und um den Hals zu tragen. Und dazwischen Menschen, halb bekleidet, grell geschminkt, die sich fertigmachten für einen Tanz, für einen Kampf? An der Bemalung der Gesichter, an den überlagernden Kleiderhüllen ließ sich kaum feststellen, wer Frau, wer Mann ist. Die Haare zu dunklen Fächern, gekräuselten Helmen aufgezogen oder mit straffen Knoten der Samurais.

Das Lager der Atreiden. Könige mit ihren Frauen, Söhnen, Töchtern, Kriegern. Agamemnon, Menelaos, Klytemnestra, Kassandra, Iphigenie und Achill, Elektra, Orestes. Von Homer durch die Zeiten gebrachte Gestalten, die Vorwurf für alle Dramen und Tragödien bis heute sind. Hier unter der Tribüne war nichts dekoriert. Menschen hatten den Rest an Raum, der übrig war, für sich und ihre Gegenstände in Besitz genommen. Betörender in seiner schauderhaften Andersartigkeit hätte kein Lager sonst wo sein können.

Was Mnouchkines Griechen auf der Bühne vorführten, hatte so gar nichts mit der stilisierten Kultur eines begnadeten Volkes zu tun, auf die sich ein humanistisches Weltbild beruft. Hier war der mediterrane Schmelztiegel, in dem sich das eigene Blut mit dem der barbarischen Nachbarn mischte. Alles Fremde war der Grund, der Nährboden, aus dem eine Kultur mit wilder Lebenslust emporkam, die Europa entstehen ließ.

Les Atrides, Wiener Festwochen
Ariane Mnouchkine, 1993

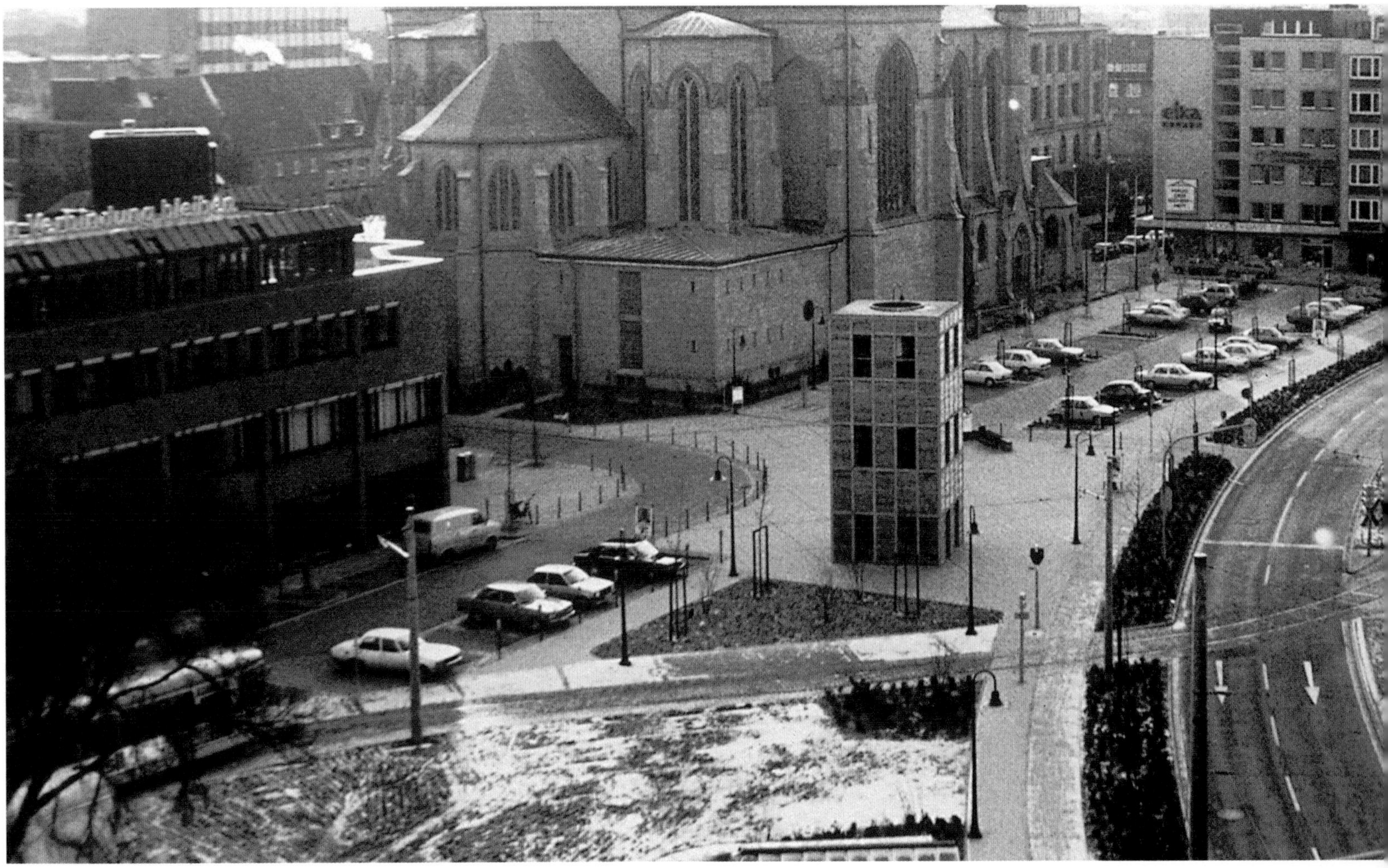

zeitlos — In den Bildern de Chiricos sind lapidare Bauten zu sehen, die mit ihren Bogenarkaden den Eindruck vermitteln, als würden sie öffentlich genutzt. Auch die Türme mit ihren Kolonnadengängen scheinen in ähnlicher Weise der Allgemeinheit zur Verfügung zu stehen. Zwei Typen von Kulturbauten, die in später Nachmittagssonne mit schweren Schatten eine Bedeutung suggerieren, deren Sinn sich ebenso wenig offenbart wie ihre geschichtliche Zugehörigkeit. Die Bauweise ist anspruchslos und ohne Details, es gibt keinerlei Hinweise auf technische Errungenschaften. Der Ort wirkt abgelegen, ein Stück Stadt, an dem alle zeitlichen Erneuerungen vorbeigezogen sind, ohne Spuren zu hinterlassen. Die Yachten, die für die Rennen um den America's Cup auf dem höchsten Stand von Wissenschaft und Technik entwickelt werden, sind architektonische Gegenstücke. Diese Schiffe mit all ihren Teilen sehen nicht so aus, weil jemand will, dass sie so aussehen. Die Form wird diktiert von den Anforderungen, aus der Kraft des Windes höchste Beweglichkeit und Schnelle auf Wasser zu erzielen.

De Chiricos Bauten und die Yachten des America's Cup nähern sich von entgegengesetzten Seiten dem gleichen Anliegen: eine letzte Form zu finden. Für die Bedeutung der Kulturbauten sind die technischen Errungenschaften unerheblich. Ihre zeitlose Wirkung liegt in einer klaren Geometrie, die seit den Ägyptern gültig ist.

Turm, Neuss
Haus-Rucker-Co, 1985

Marienhof, München
Haus-Rucker-Co, 1985

Erspielter Stadtraum — Wegen ihrer intensiven Beziehung zu einem immer wiederkehrenden Publikum, sind theatrale Einrichtungen hervorragende städtebaulichen Generatoren. In Verbindung mit einem Angebot an Dienstleistungen können sie über ihren unmittelbaren Wirkungsbereich hinaus die Erneuerung ganzer Stadtteile bewirken. Theater in seiner erweiterten Form erspielt neue Stadträume.

Was Architektur besser kann — Räume und Bauten sind offensichtlich imstande, auf subtile Weise unser Empfinden zu beeinflussen. Dazu genügt ein simpler rechteckiger Raum. Seine Größe, seine Höhe, seine Materialien, seine Lichtverhältnisse, seine Farben, seine Luft und sein Geruch und das, was darin zu hören ist, schaffen jene Atmosphäre, die durch alle Poren auf uns einwirkt. Manchen Räumen gelingt das besser als anderen; auf unbewusste Weise aber herrschen sie über unsere Stimmung, unser Befinden. Darum geht es in der Architektur: die Schaffung von Räumen, durch die eine Atmosphäre von Wohlbefinden, Besinnung, Geborgenheit, in manchen Fällen von Überwältigung ausgelöst wird. Kein anderes Medium vermag uns so vielschichtig zu umhüllen und uns so unmerklich zu lenken.

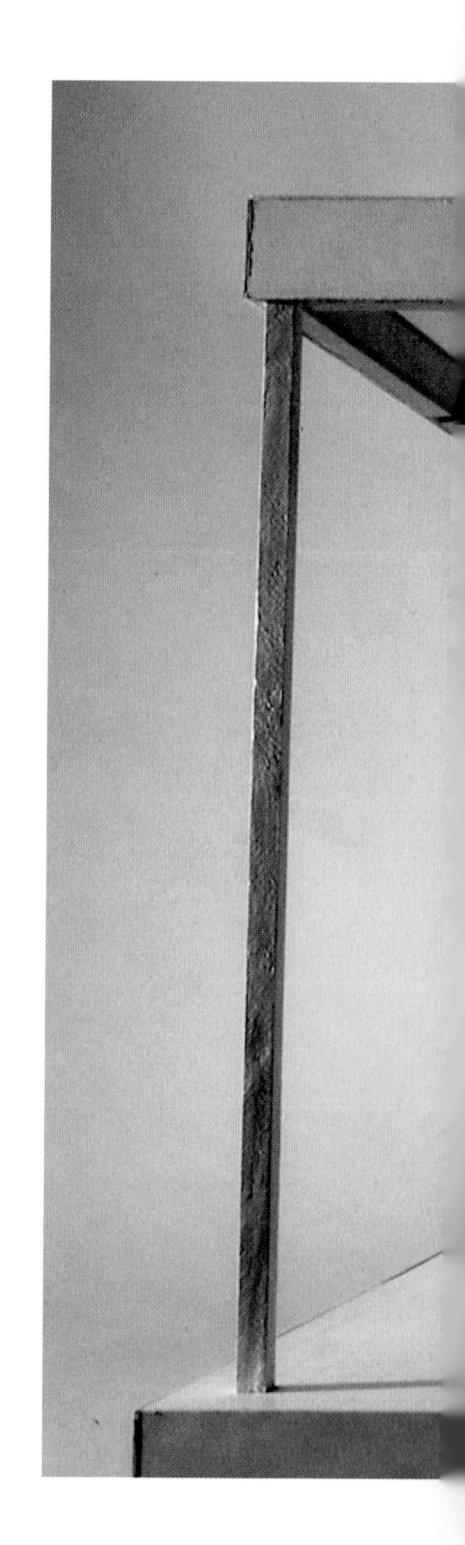

Schwebendes Museum, Kiel-Mettenhof
Haus-Rucker-Co, 1975

Foyer der Kunsthalle Wien
Museumsquartier, Wien
O&O Baukunst, 1995–2001

Hierarchie der Bauten – Was die Masse der Bauten im Interesse einer gemeinsamen Erträglichkeit zu vermeiden hat, steht den Bauwerken der Kultur zur Hervorhebung zu: eine besondere formale Prägung. Die Gesellschaft kann sich damit Meilensteine setzen. Für die Stadt sind sie Impulse einer großräumigen Erneuerung und markante Teile der Selbstdarstellung im Wettbewerb mit anderen Städten.

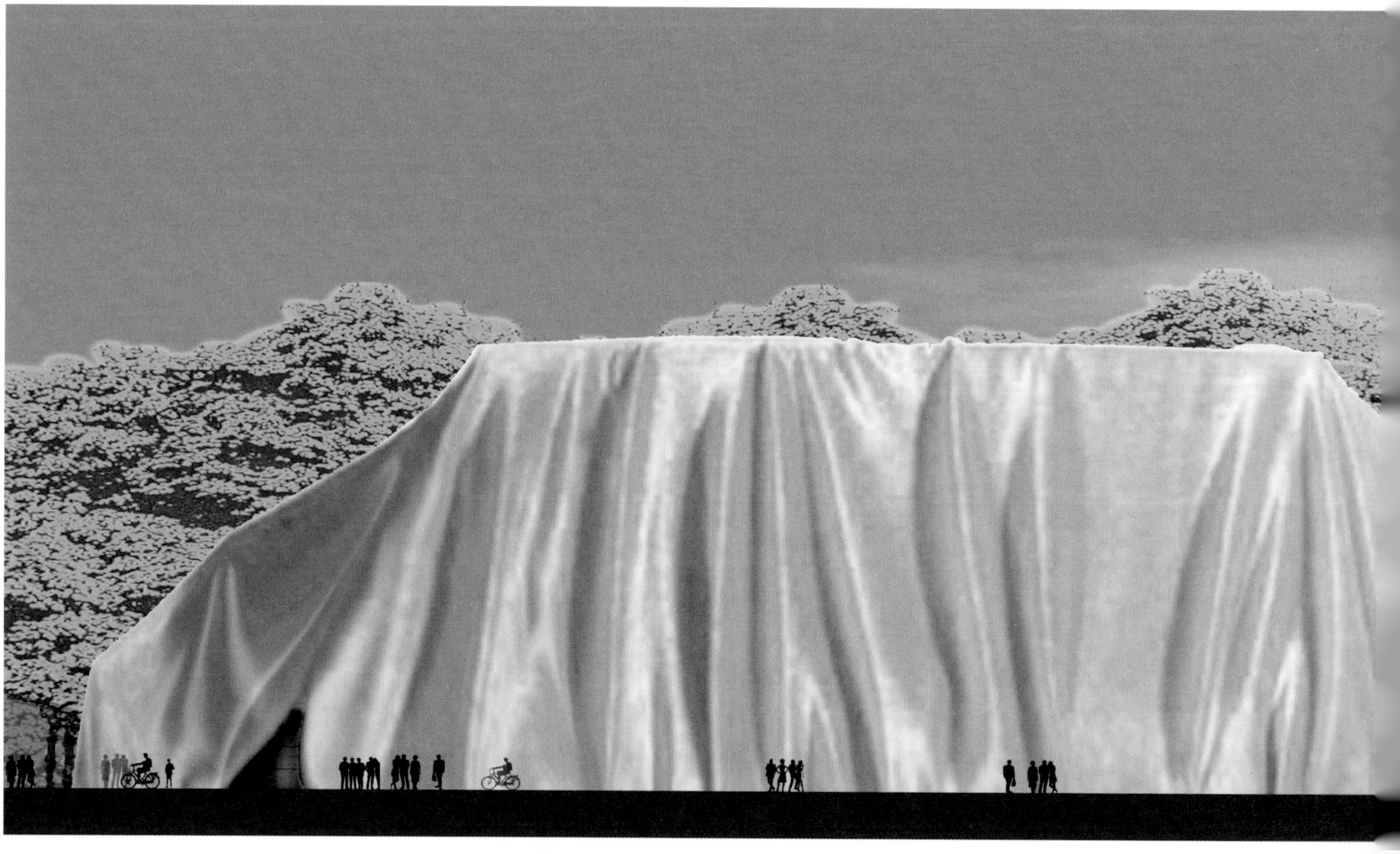

Feste feiern — Europäische Demokratien tun sich mit der inszenierten Selbstdarstellung schwer. Gründe mögen darin liegen, dass es in der jüngeren Geschichte wenig Rühmliches gab und der Staat versucht, sich zugunsten einer offenen Gesellschaft von selbstbestimmenden Personen zurückzunehmen. Verloren ging dabei der Wunsch und die Fähigkeit, gemeinsam große Feste zu feiern, welche anders als die Flut der übrigen Veranstaltungen eine Zusammengehörigkeit zum Inhalt haben. Für das gemeinsame Europa wäre die wiedergewonnene Qualität, solche Feste grandios zu inszenieren und beherzt zu feiern, der Beginn eines neuen Verständnisses von Kultur.

Kulturforum Westfalen, Münster
O&O Baukunst, 2004

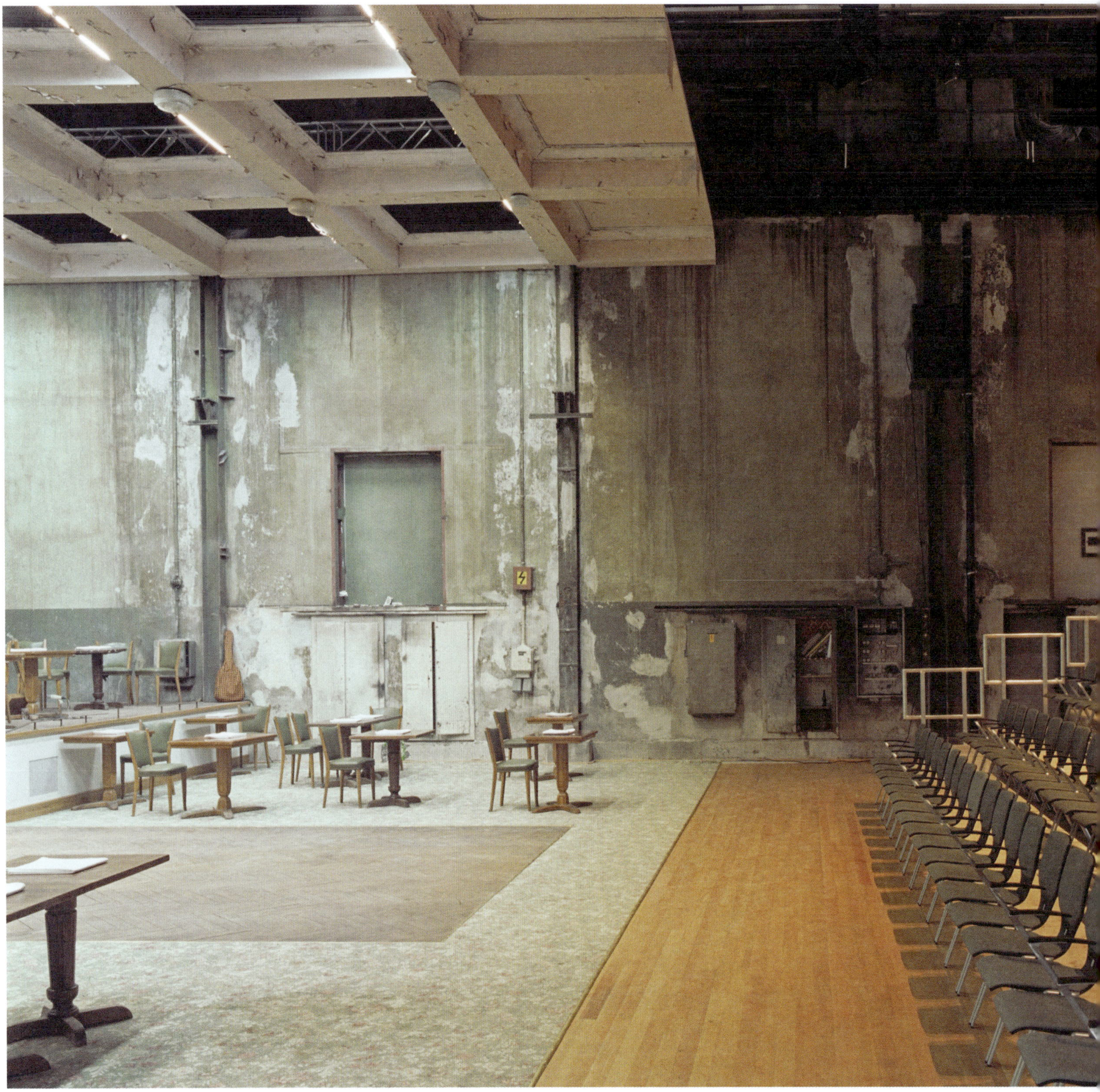

Vornehme Häuser — Zu allen Zeiten war das Vornehme eigenwillig anachronistisch. Es entzog sich immer *durch Zurückhaltung und Feinheit der Denkart** dem Spektakel und der Gier nach Neuem. Solche Vornehmheit steht vor allem den Bauten der Kultur zu. Sie haben das Getümmel der Strömungen selbstverständlich stets zu überragen.

Schiffbau Theater- und Kulturzentrum, Zürich
O&O Baukunst, 1996–2001

* Duden, *Das große Wörterbuch der Deutschen Sprache*, 1995

Provisorien — Provisorische Architektur als temporäre Intervention ist befreit von den Bedingungen der Nachhaltigkeit. Sie darf ins Auge stechen, kann tun, als ob. Alles, was sich zur überfallartigen Irritation des Betrachters eignet, ist hier wesentlich. In der Wahrnehmung verbrennt solche Überformung mit faszinierender Erhellung.

Insel, Kunsthalle Hamburg
Haus-Rucker-Co, 1986

Blaue Scheibe
Haus-Rucker-Co, 1986

Thespis-Karren mit Studierenden der HfS Ernst Busch
Architektur-Biennale 2012
O&O Baukunst

Urbane Bühne — In Rom führen circa 150 Stufen von der Piazza di Spagna zur Kirche S. Trinita dei Monti: die Spanische Treppe. Unter den berühmten Baudenkmälern der Stadt dasjenige, das unmittelbar Stadtleben zum Blühen bringt. Die Kaskaden der Stufenläufe ziehen die Passanten magnetisch an und verhelfen zum großen Auftritt. Von oben kommend, schweben die Personen in wechselnden Bogenbewegungen hinunter zum Platz. Wer sich auf den Stufen niederlässt, dem wird ein quirliges Schauspiel geboten: Stadt in anmutigster Grandezza.

Nietzsches Haut — *Oh diese Griechen! Sie verstanden sich darauf zu leben: dazu tut not, tapfer bei der Oberfläche, der Falte, der Haut stehen zu bleiben, den Schein anzubeten, an Formen, an Töne, an Worte, an den ganzen Olymp des Scheins zu glauben! Diese Griechen waren oberflächlich – aus Tiefe!* *

Texte: Laurids Ortner
Ortner & Ortner Bauten für europäische Kultur, 2008

* Friedrich Nietzsche, *Die fröhliche Wissenschaft*, 2008

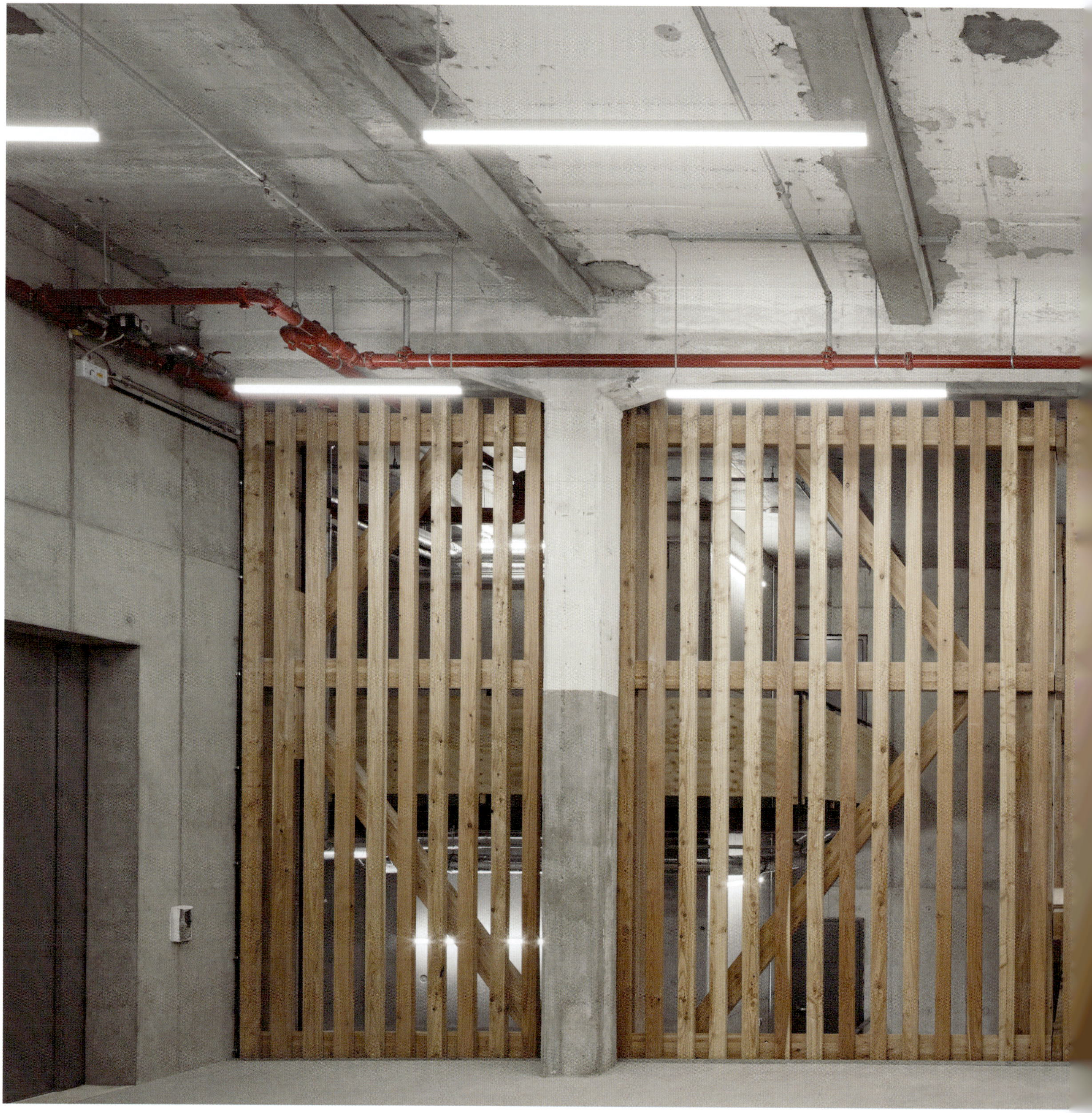

DAS UNFERTIGE PLANEN

O&O Baukunst

Der neue Standort der Hochschule für Schauspielkunst Ernst Busch vereinigt bisher alle verstreuten Einrichtungen. O&O Baukunst hat in enger Zusammenarbeit mit der Hochschule einen Ort geschaffen, an dem sichtbar wird, wie Theater funktioniert.

Der 24 Meter hohe Bühnenturm mit seiner Holzverschalung lässt das Gebäude in der Zinnowitzerstraße von Weitem als öffentlichen Ort erkennbar werden.

Der Gebäudekomplex setzt sich aus drei Teilen zusammen: dem Altbau der ehemaligen Opernwerkstätten aus den 1950er-Jahren, der an seiner Stirnseite aufgeschnitten wurde, dem holzverkleideten Bühnenturm, der sich seitlich in diese Schnittstelle einklinkt, und der gläsernen Schachtel des Theatercafés, die an die Altbauflanke herangeschoben ist.

Beide neuen Elemente rahmen den Eingang, der sich im Inneren des Altbaus als großzügiges Foyer aufweitet und als Arbeitsstraße vorbei an gläsernen Requisitendepots und Werkstätten führt.

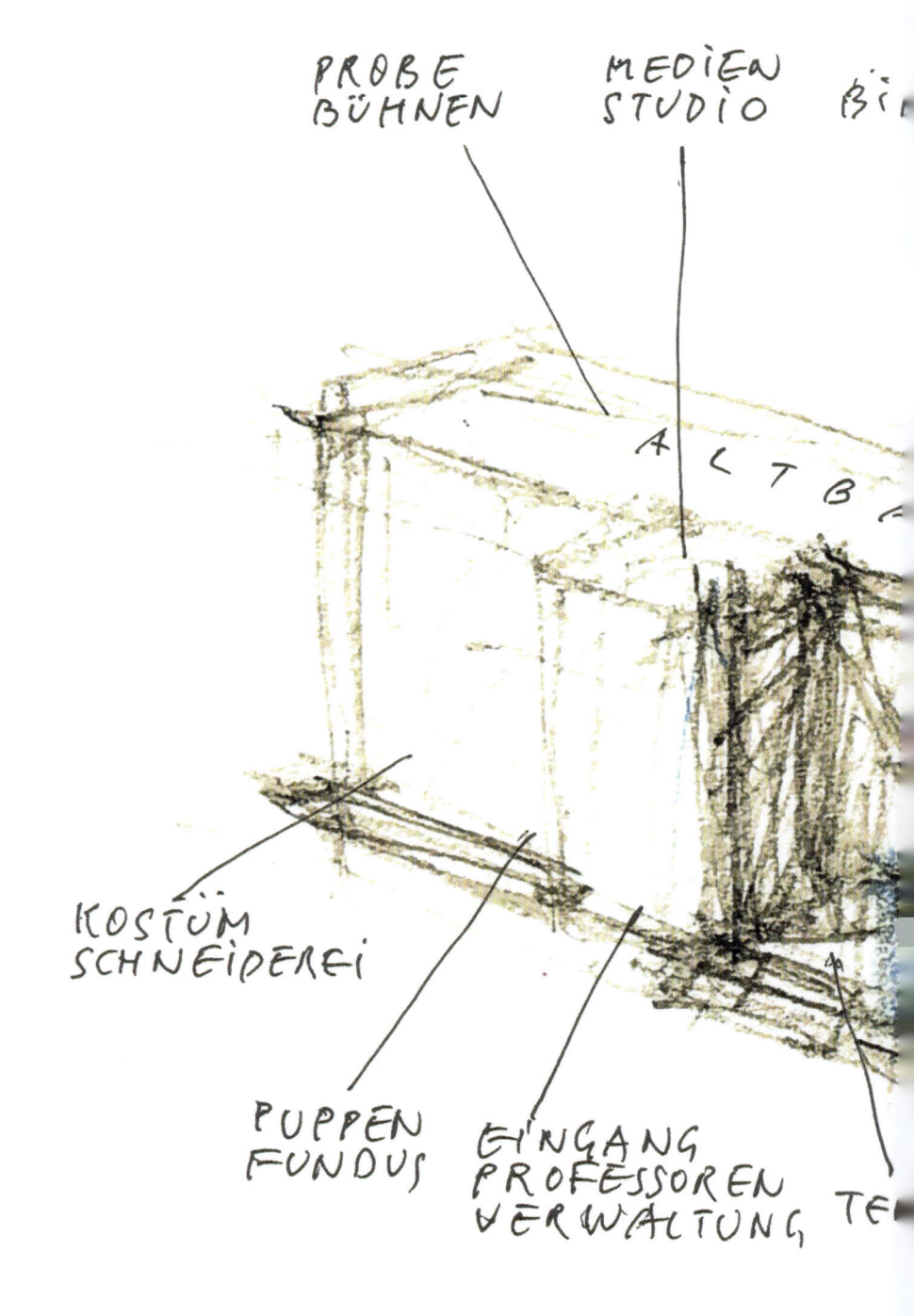

OTHEK

BÜHNEN-
TURM MIT
2 STUDIO
BÜHNEN

SSE   THEATER   HAUPT
       CAFE   EINGANG
                  FOYER

Die neue
ERNST BUSCH

*Ein Ort,
an dem sichtbar wird,
wie Theater
funktioniert*

Diese Hochschule ist ein lebendiger Ort des Improvisierens und Entwickelns immer anderer Lebensrealitäten. Das Zusammentreffen vom Rohen und Verfeinerten, vom Alten und Neuen zeigt sich in den Innenräumen an einer trennenden Linie, die sich auf einer Höhe von 2,30 Meter durch das gesamte Gebäude zieht.

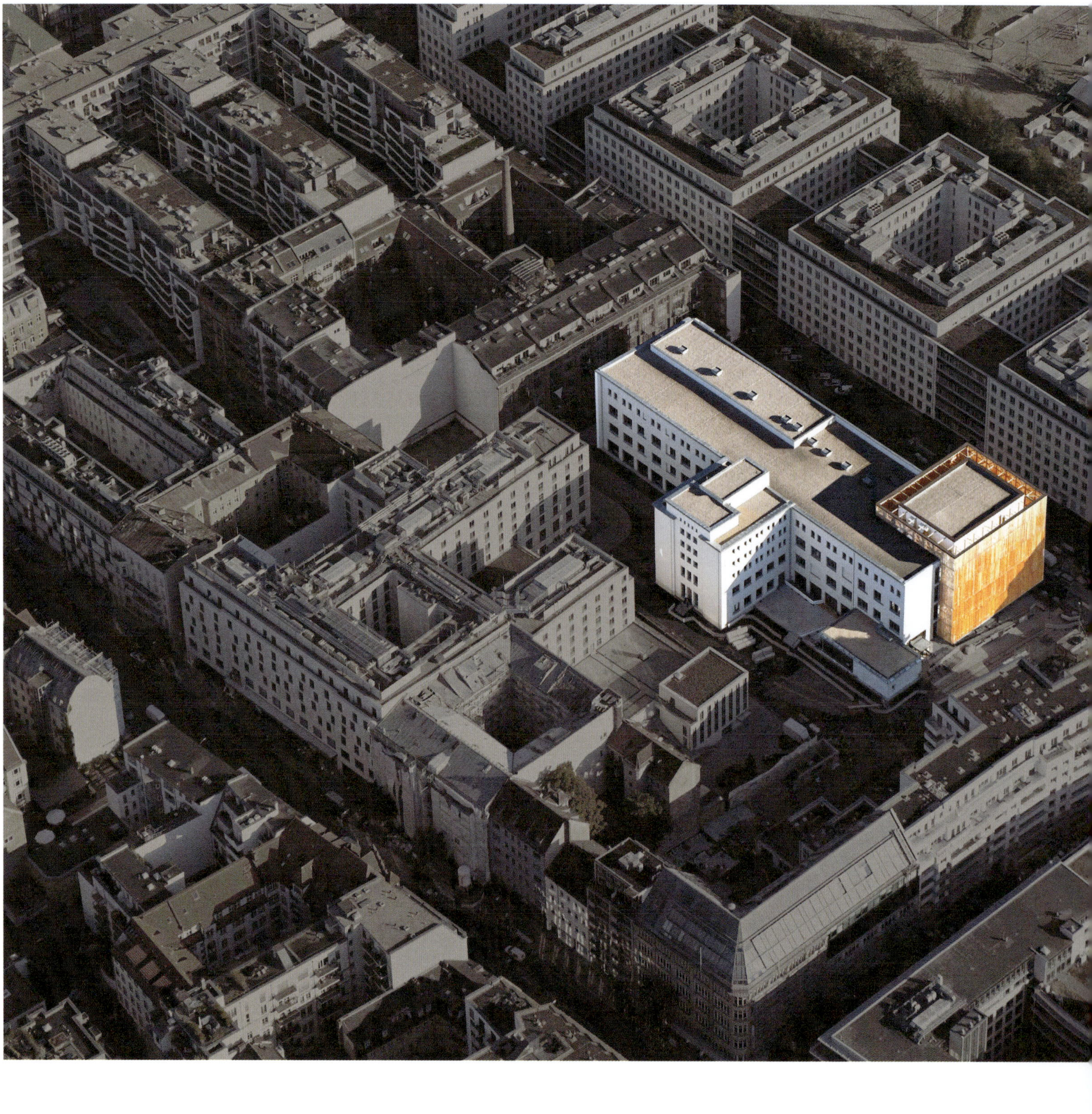

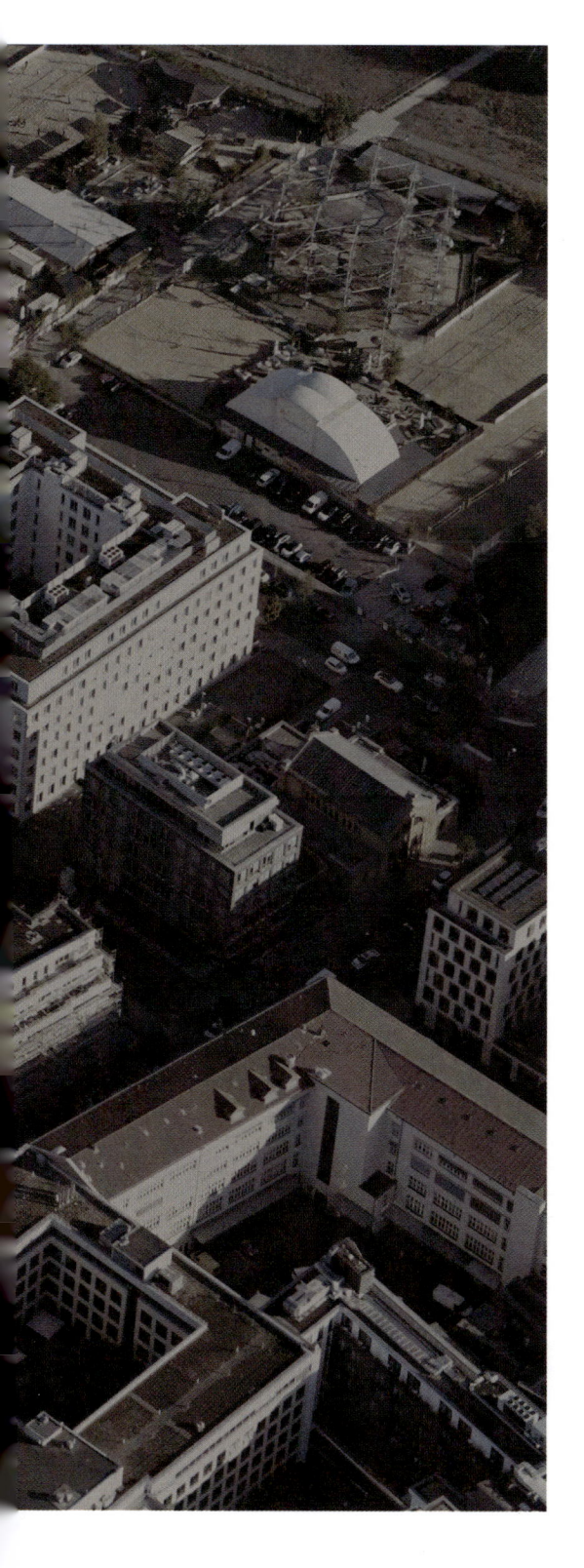

*Schauspiel
kunst
in Berlin-Mitte*

Die Bewahrung des alten Gebäudes gab Freiheit, die neuen Elemente exakt auf ihre Funktion hin zu entwerfen und ihnen den Ausdruck ihrer Nutzung zu verleihen. So bietet der Holzturm mit den beiden übereinanderliegenden Studiobühnen zwei Blackboxes mit perfekten Höhen. Der herkömmlich rückwärtige Betrieb von Technik und Auftritt wird hier an der Außenfassade durch den Schleier des Holzvorhangs sichtbar.

Projektleiter Tobias Ahlers
Architekt Roland Duda

RD: Wir haben Neu und Alt getrennt und eine ‚Wasserlinie' in einer Höhe von 2,30 Meter eingeführt. Alle Oberflächen unterhalb dieser Höhe sind verfeinert, das Gebäude tritt physisch mit seinen Nutzern in Kontakt. Die Bauteile darüber verbleiben in ihrem vorgefundenen oder rohen Zustand.

Was in dieser Hülle stattfinden soll, ist eine Imagination von uns.

Roland Duda (RD) Nachdem alle ausgezogen sind, war das Haus tot. Man hat überall Spuren gesehen, die hinterlassen wurden, aber jetzt war es eine leere Hülle. Die Spuren der vorigen Nutzer haben wir erhalten und eine weitere Schicht hinzugefügt, die das zukünftige Leben imaginiert.

Wir arbeiten immer an dieser Hülle. Was darin stattfinden soll, ist eine Imanigation von uns. Was für eine Atmosphäre soll da herrschen? Wie benutzt jemand so ein Haus? Wie wird es mit Leben gefüllt? Das ist eine Projektion und es kommt hoffentlich auch anders, als man denkt.

Was schon da war und was man benutzen kann, wollen wir auch benutzen. Und das möglichst unverändert. Was nicht zu verwenden war, haben wir abgebrochen. Die Nutzungen, die wir nicht in den Altbau integrieren konnten, haben wir als neue Bestandteile hinzugefügt und so eine gewisse Freiheit gewonnen. Mit dem Theatercafé als gläsernem Pavillon und dem Bühnenturm als Holzkiste gehen wir sehr genau auf die funktionale und inhaltliche Aufladung ein.

Theater ist eigentlich etwas vollkommen anderes als Architektur. Aber auch Theater erzeugt Räume. Das ist, Tobias Ahlers (TA)
was der Architekt sich immer erträumt: mit wenigen Handgriffen einen Raum zu schaffen, der Kraft hat, der den Ort prägt. Ein Theaterstück wird ein paarmal aufgeführt, danach bleibt es bestenfalls im Kopf. Im Gegensatz zur Architektur, sie bleibt für lange Zeit. Wenn sie gelungen ist, dann bleibt sie im Kopf und im Stadtraum. Theater und Architektur verbindet dieses Spannungsfeld: die Sehnsucht nach solchen Effekten.

Wir haben den Anspruch, mit dem Gebäude als Ganzem, mit den alten und neuen Komponenten, die Hochschule als einen Ort zu schaffen, der wie eine Werkstatt funktioniert, in der man ständig improvisieren kann. Wir haben aus eigenen Erfahrungen mit dem Nutzer festgestellt: Das, was die da tun, ist ein ständiges Improvisieren, ein ständiges Ausprobieren, ein ruppiger Umgang mit den Materialien.

Auszüge aus einem Gespräch von Cora Waschke mit Roland Duda und Tobias Ahlers

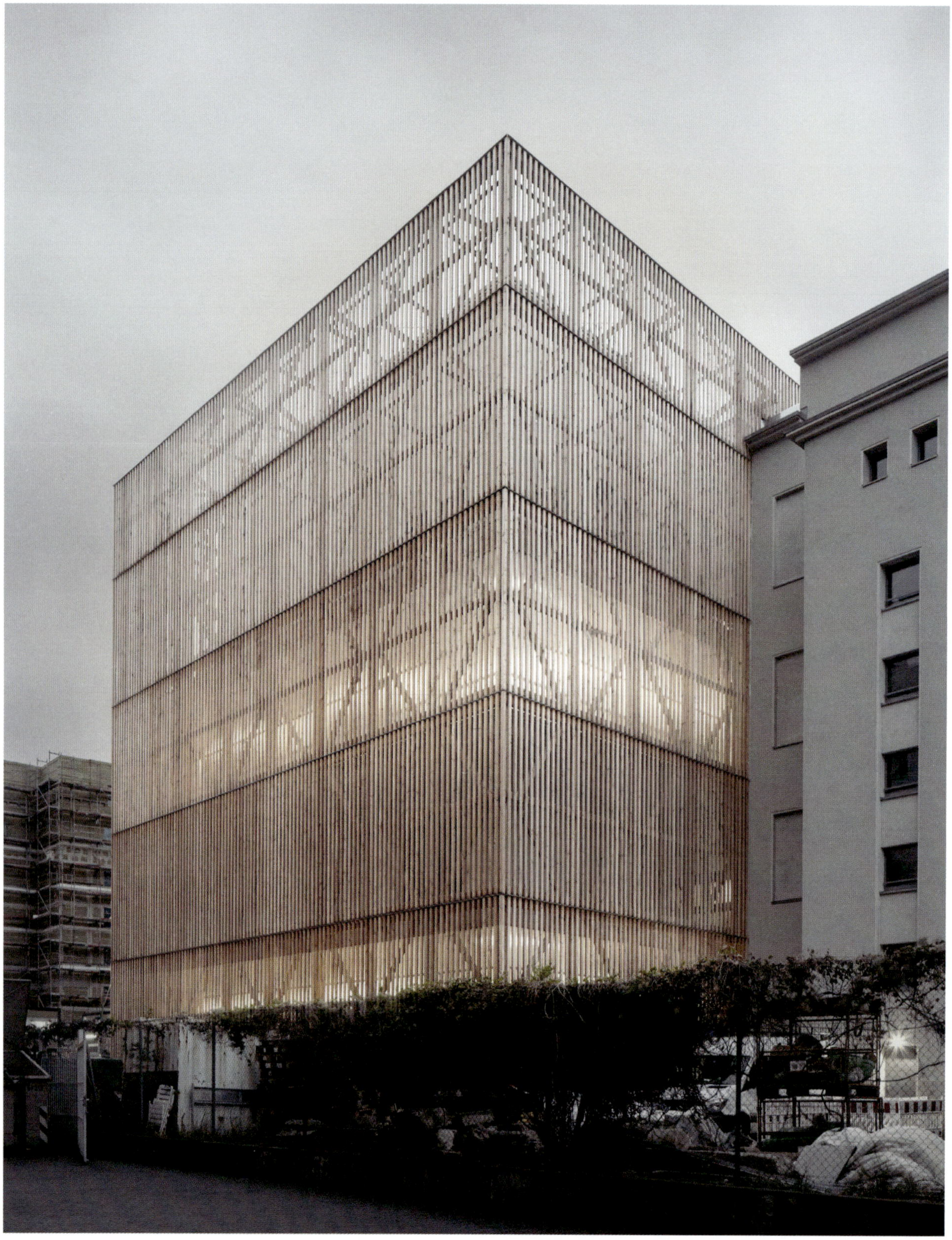

*Der 24 Meter hohe
Bühnenturm,
ein Zeichen für die Stadt.*

RD: Das Material Holz hat mit dem Theater selber zu tun. Holz ist das perfekte Material für Bühnenaufbauten, für das Ausprobieren, für Probesituationen. Es lässt sich leicht ver- und umarbeiten. Der Bühnenturm ist in erster Linie ein Ort des Experimentierens und Ausprobierens. So war es ein Anliegen, dieses Material auch außen zu zeigen, als Holzturm. Das Material Holz ist ein Theatermaterial.

TA: Holz hat etwas Handhabbares, etwas Handfestes, etwas, das schnell verarbeitet werden kann. In der Regel dient es im Hintergrund. Damit sind die Kulissen gebaut. Das ist ein Material des Provisorischen, des Improvisierten. An der Fassade ist es relativ rau und ruppig, wird verwittern. Im Inneren dient es jedoch auch der Veredlung von Oberflächen, mit denen die Nutzer in Kontakt kommen.

Man schaut von außen durch die Fassade. Das wird sich erst erschließen, wenn abends das Licht brennt, es durchscheint und man sich fragt, was da passiert: Läuft da jemand? Findet da ein Schauspiel statt? Da kehren sich Prozesse um. Du denkst, dass du ein Bühnenbild siehst, aber das sind die Umgänge hinter der Bühne, die der Zuschauer nicht sieht. Man sieht von außen ein Schauspiel. Nämlich wie Bühnentechniker oder Schauspieler auf der anderen Seite auftreten. Das schimmert durch die Holzfassade durch.

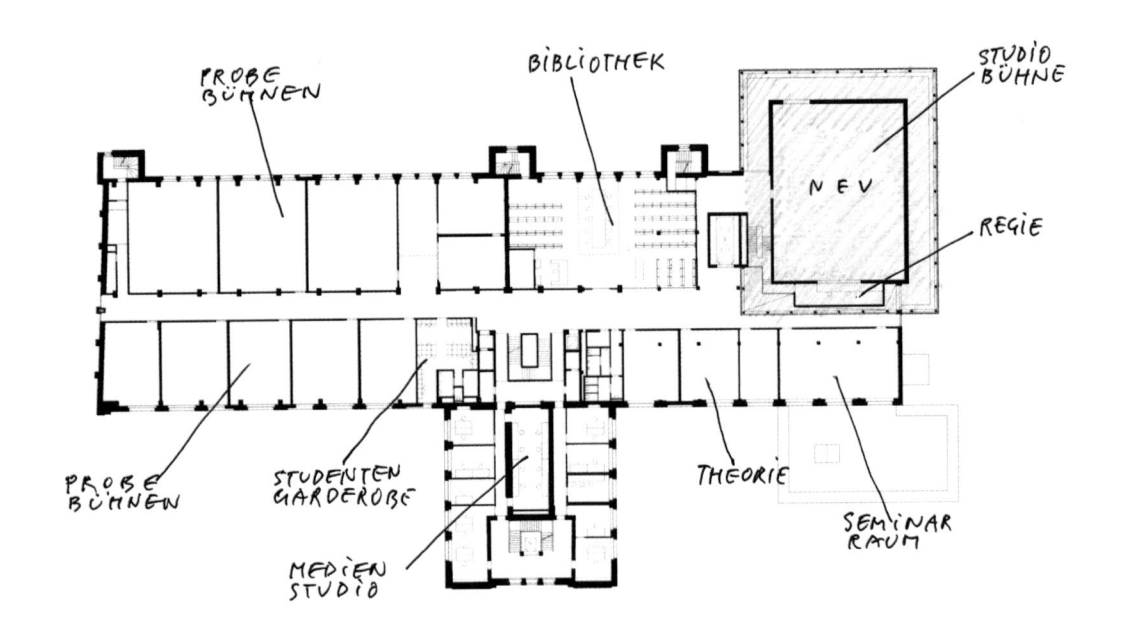

1. Obergeschoss

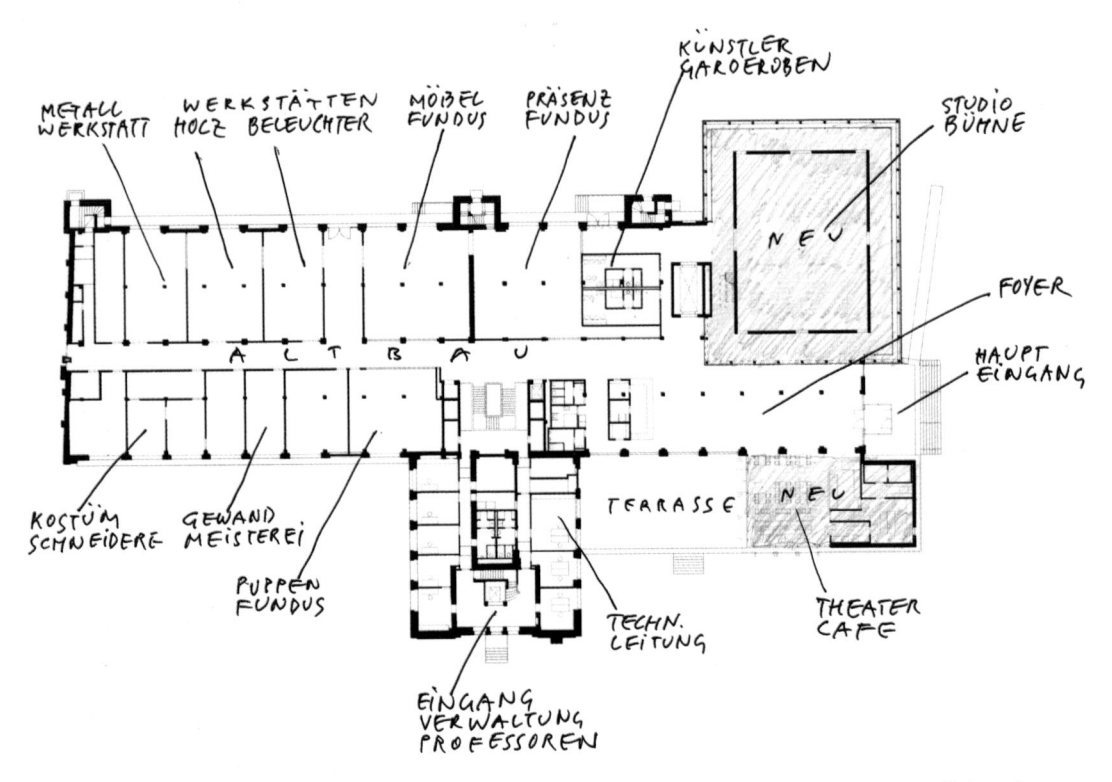

Erdgeschoss

Eingefügt in den Altbestand:
das neue Treppenhaus

Wie geplant ist das Unfertige?

RD: Das ist ein zwiespältiges Feld. Zum einen ist es unglaublich einfach, sich darauf zu verlassen, weil nichts besser ist als der Zufall. Oder das, was schon da ist. Das überträgt sich als Idee auf den Umgang mit Altem insgesamt. Wir haben uns immer gefragt: Braucht es noch etwas von uns dazu, fehlt da etwas oder kann man es so lassen? Wenn man das als Basis genommen hat, hinterfragt man alles: Was kann ich benutzen, was kann ich wiederverwenden oder was muss ich ändern?

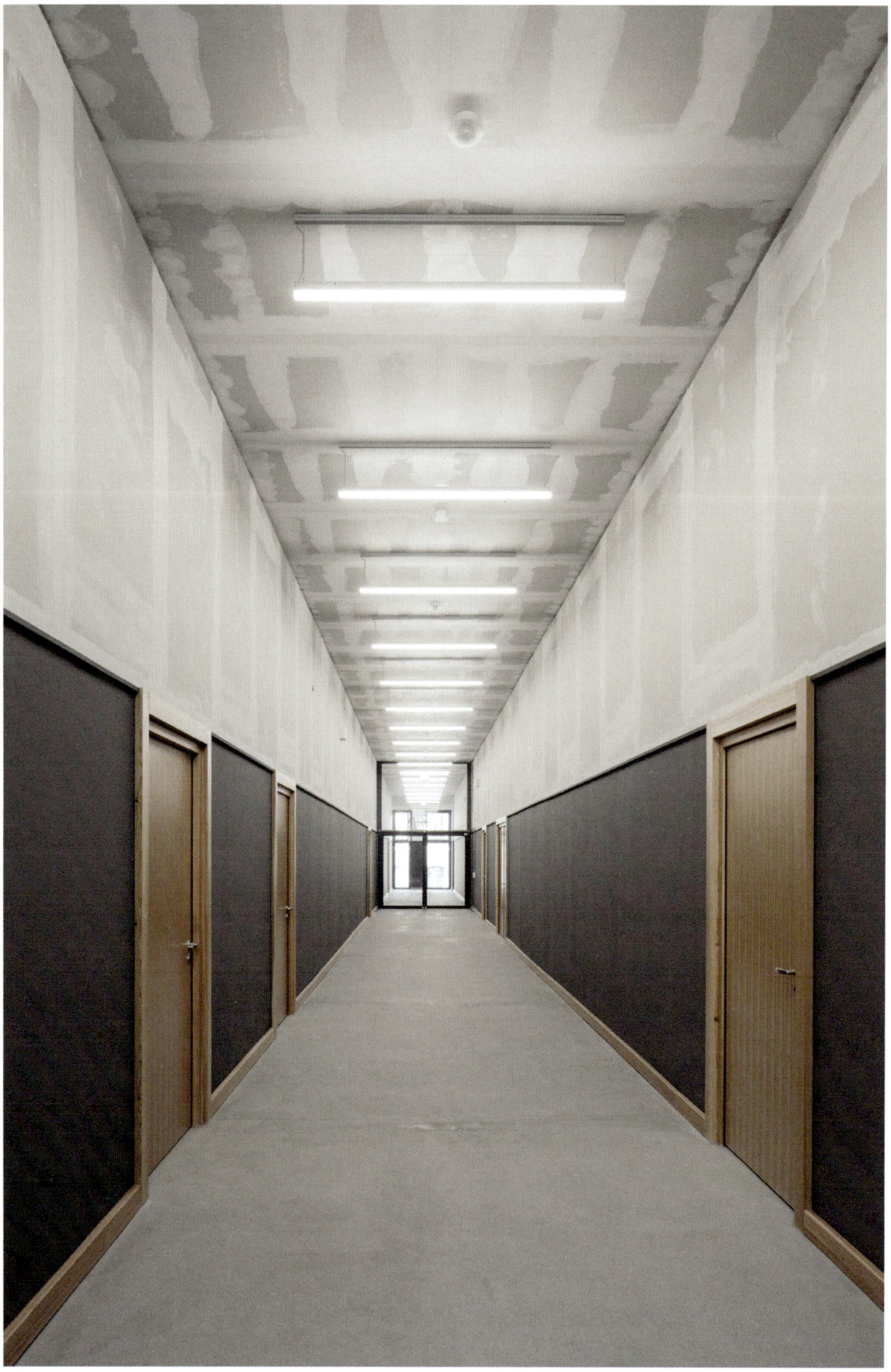

Die Arbeitsstraße:
Hinter Glas die noch nicht vollständig
eingerichtete Bibliothek. Holzverschalt
ragt der Bühnenturm herein.

*Der Altbau bewahrt davor,
wieder etwas neu zu erfinden.*

TA: Wir versuchen klarzumachen, wie Theater und Theaterschule funktioniert. Dass die Dinge, die normalerweise im Verborgenen liegen – gewollt oder ungewollt –, hier sichtbar sind für den Besucher, aber auch für die Studierenden. Im Vorbeigehen können sie hinter verglasten Wänden die Requisiten und Fundusräume sehen, wie da mit den Schätzen umgegangen wird. Das Verborgene stülpen wir nach außen. So wird es Teil des öffentlichen Bereiches.

RD: Wir wollen mit unserer Architektur nichts darüberstülpen, was nur der persönlichen Vorliebe des Architekten geschuldet ist. Es gibt Gebäude im Bestand, die es einem einfach machen. Dieses Haus würde ich dazuzählen, weil es von der Struktur so stark ist, dass man es gut stehen lassen kann. Es bewahrt einen davor, wieder etwas neu zu erfinden. Bei den ersten Begehungen konnte man sehen, wie großartig die Struktur ist: die Deckenhöhe, der Beton …

Transparenz ist ein zwiespältiges Thema.

RD: Anfangs haben wir geplant, ebenfalls Einblicke in die Probebühnen zu gewähren, indem wir sie gläsern gestalten. In der Diskussion aber fiel der Einwand, dass Proberäume auch intime Orte sind. Deswegen sind wir von der gläsernen Gestaltung abgekommen. Eine andere Art der Transparenz findet sich nun in den Tafellackflächen. Mit ihnen lässt sich das, was hinter den Wänden passiert, auf eine andere Weise äußern und sichtbar machen, in der Form, dass etwa geschrieben wird: „Mittwoch wieder Probe", oder was auch immer. Wir wissen nicht, was letztendlich dranstehen wird. Wahrscheinlich nicht das, was wir uns vorstellen.

Das Thema Transparenz ist in diesem Haus gebrochen. Das fängt beim transluzenten Material der Bühnenumgänge im Turm an. Sie lassen durch Licht und Schatten nur erahnen, was darin stattfindet. Die Transparenz zeigt sich aber auch in großen Verglasungen der Innenräume. Die Fundusräume zum Beispiel sind großflächig verglast. Dort hat sich Ungeheures angesammelt, was wir in der Zusammenballung relativ ungeordnet als besonders wahrgenommen haben. Der Besucher sieht das Arbeitsmaterial, die Kostüme, die Requisiten.

Umgang im Bühnenturm: zusätzliche Spielfläche für die Dramaturgie der Studiobühnen. Lichtinszenierung nach außen durch die transluzente Hülle

*b a t - Studiotheater
der HfS Ernst Busch*

Das bat-Studiotheater der Hochschule für Schauspielkunst Ernst Busch befindet sich in einem eher unscheinbaren Hinterhaus in der Belforter Straße am Prenzlauer Berg. In den Jahren 1887–89 wurde das Gebäude als Tanzsaal errichtet, später zum Hinterhofkino umgebaut. In den 1960er-Jahren gründeten Wolf Biermann und Brigitte Soubeyran hier das Berliner Arbeiter- und Studententheater. Die HfS Ernst Busch nutzt die Spielstätte seit 1974 für die Studio-, Diplom- und Praktikuminszenierungen sowie Werkstattabende.

Das Gebäude ist mit Ausnahme der neuen Eingangssituation äußerlich unverändert geblieben. Die Erneuerung zeigt sich beim Betreten des Gebäudes. Die vorgefundene diffuse Raumstruktur wurde zugunsten einer zweiteiligen Raumfolge verändert. Der Theaterraum selber wurde nach dem Vorbild einer „Black Box" oder eines „White Cube" bis auf die Rohbaustruktur entkernt. Es entsteht eine 20 mal 12 Meter große Studiobühne mit roh belassenen Wänden und Decken sowie der sichtbar installierten Theatertechnik. Roland Duda

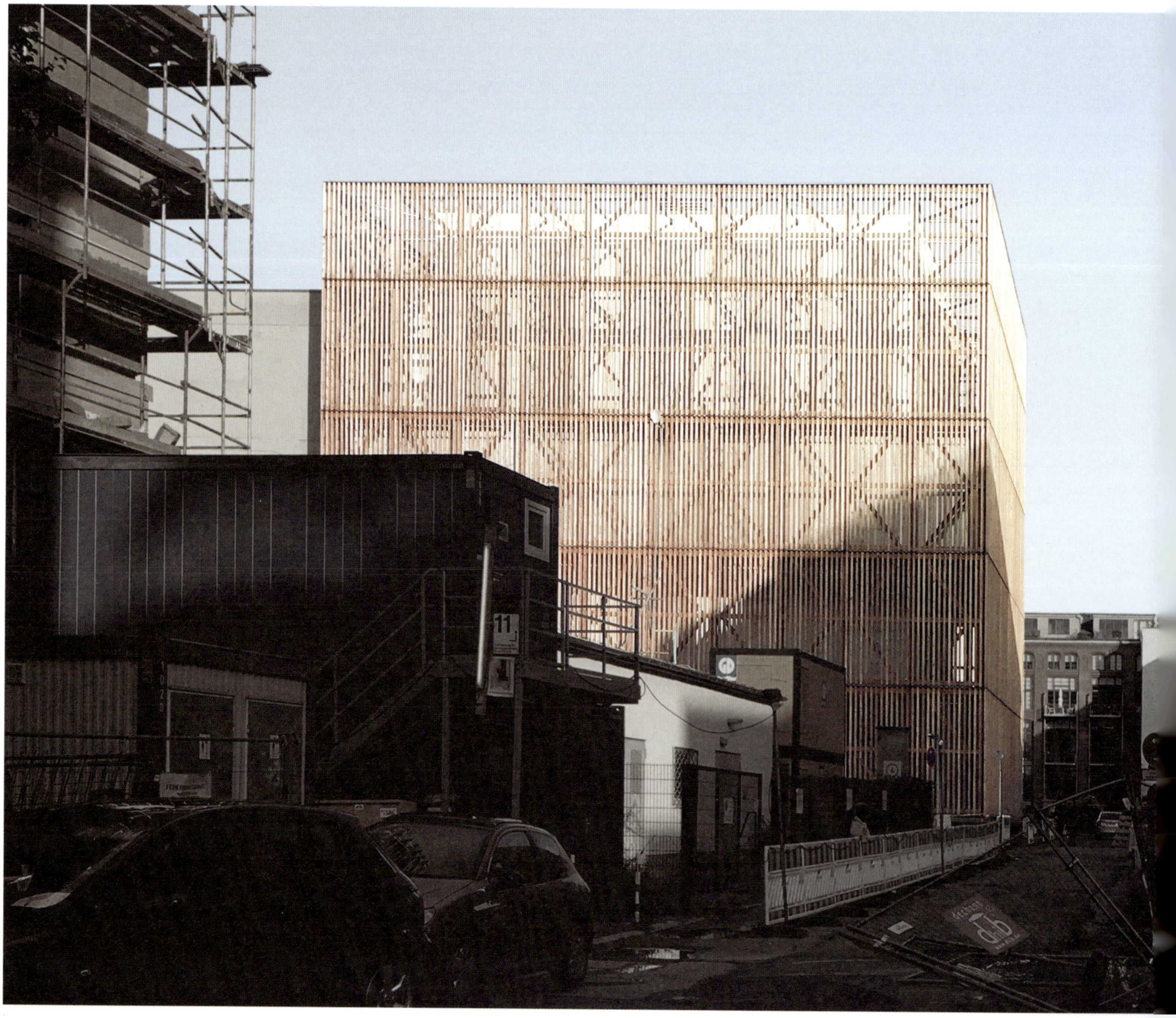

DAS SPIEL MIT DER KISTE

Rolf Lautenschläger

Eine Holzkiste, heißt es im Duden lapidar, ist eine „Kiste aus Holz". Zu ihren Eigenschaften zählt, dass sich alles Mögliche darin verstauen und transportieren lässt. Ordentlich braucht es in der Kiste nicht zuzugehen, Hauptsache sie ist praktisch und die Bretter oben und unten halten.

Wenn ausgerechnet eine renommierte Hochschule quasi in eine Kiste aus Holz als neue Unterkunft gesteckt wird, braucht das Mut und noch mehr Chuzpe. Hat das doch alle Evidenz gegen sich.

Viel frecher Charme steckt in der neuen Hochschule für Schauspielkunst Ernst Busch am Berliner Nordbahnhof des Büros O&O Baukunst. Wer bei ihrem neuen holzverkleideten Bühnenturm an die Chiffre von der großen Kiste denkt, hat nicht verloren. Wer die nackten, unverputzten Wände und Decken im Altbau sieht, holt nicht die Maler. Und wem schließlich das janusköpfige Innenleben der Schule aus abgenutzt und neu, offenen Werkräumen sowie stillen Ecken komisch vorkommt, muss keine Angst kriegen. Alles ist nur Theater!

Der Wind zerrt an den Kleidern, wenn man die breite Schneise des früheren Todesstreifens, an der Gedenkstätte Berliner Mauer vorbei, hinunter zur Zinnowitzer Straße geht. Es zerrt aber dort ebenso ein unfertiges Patchwork aus neuen Büro- und Wohnhäusern, ein paar wenigen historischen Altbauten, den S-Bahn-, Park- und Sportanlagen am Gefühl für ein gutes Stadtquartier. Die Abriss- und Mauerzeiten sind noch präsent am Nordbahnhof.

Eine repräsentativere Adresse konnte sich die Hochschule mit ihren insgesamt 300 Studentinnen und Studenten, Professoren, Lehrkräften und Mitarbeitern, die lange auf vier dezentral verstreute Gebäude über halb Ostberlin verteilt war, nicht angeln. Der Berliner Senat hatte 2008 vielmehr entschieden, den neuen zentralen Standort für alle Fachbereiche der HfS Ernst Busch im rückwärtigen Grundstücksbereich an der Zinnowitzer Straße 11 und dort in einem Altbau (1941 begonnen / 1953 fertiggestellt) unterzubringen. Der langrechteckige, vierstöckige Fabrikriegel – in der Form eines auf den Kopf gestellten großen „F" – beherbergte bis 2011 die Werkstätten für die städtischen Opernhäuser und ist über eine kleine Stichstraße erreichbar. Eine heikle Hinterhoflage.

O&O Baukunst schert das nicht. Im Gegenteil. Ihre neue Schauspielschule begegnet uns mit eindrücklich gebauter Theatralik. Kommt man von Osten, von der Bernauer- über die Julie-Wolfthorn- zur Zinnowitzer Straße, schiebt sich zwischen den Nachbarhäusern erst allmählich, dann immer stärker ein hoher hölzerner Kubus in den Blick, der in der Fernwirkung aus einem feinen, leichten Gitter mit Vertikalen, Horizontalen sowie Diagonalen zu bestehen scheint.

Aus der Nähe betrachtet, ist der mächtige 24 Meter hohe und 28 mal 23 Meter große Turm, in dessen Kern beide Studiobühnen übereinander gestapelt liegen, keine bloß rechteckige Silhouette mehr, sondern eben jene freche Speicher-, Transport-, ja Holzkiste.

Hunderte schmale Latten aus Lärchenholz sind vertikal auf dicke Fachwerkbalken gezimmert. Zwischen ihnen ist etwas Luft gelassen, so dass man ahnen kann, dass sich hinter dem transluzenten Vorhang noch anderer Raum befindet. Um die Kiste nicht zu kompakt, sondern weiter feingliedrig erscheinen zu lassen und wegen des Brandschutzes, sind die Latten im Abstand von 5 Meter von horizontalen Metallprofilen geschnitten. Fast roh, faserig, ohne Feinschliff sind die Lärchenhölzer belassen. Das ist ein schönes und zugleich provokantes Motiv, mit dem die archaische Konstruktion am Kopf des Gebäudes klar signalisiert, dass diese auf einen niedrigen Sockel, wie eine Bühne gehobene Theater-Kiste für „Ernst Busch" inmitten des steinernen Umfelds das neue bauliche Symbol bildet.

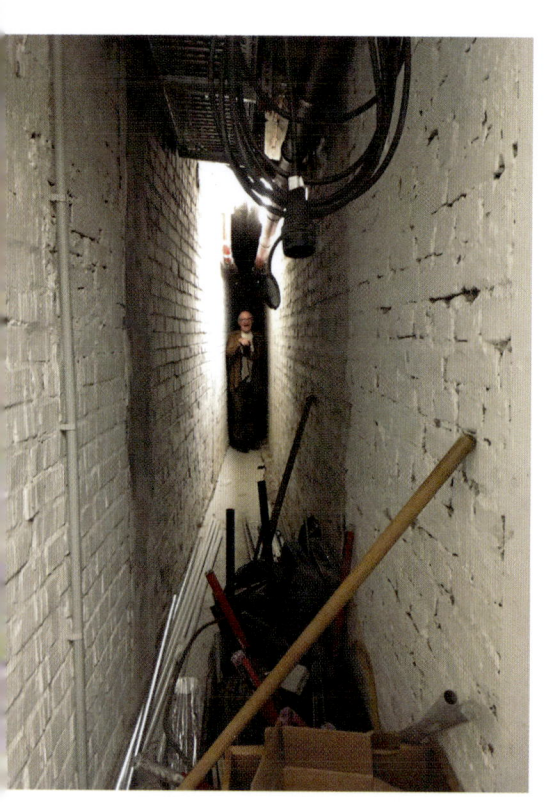

Ehemaliger Prospektaufzug

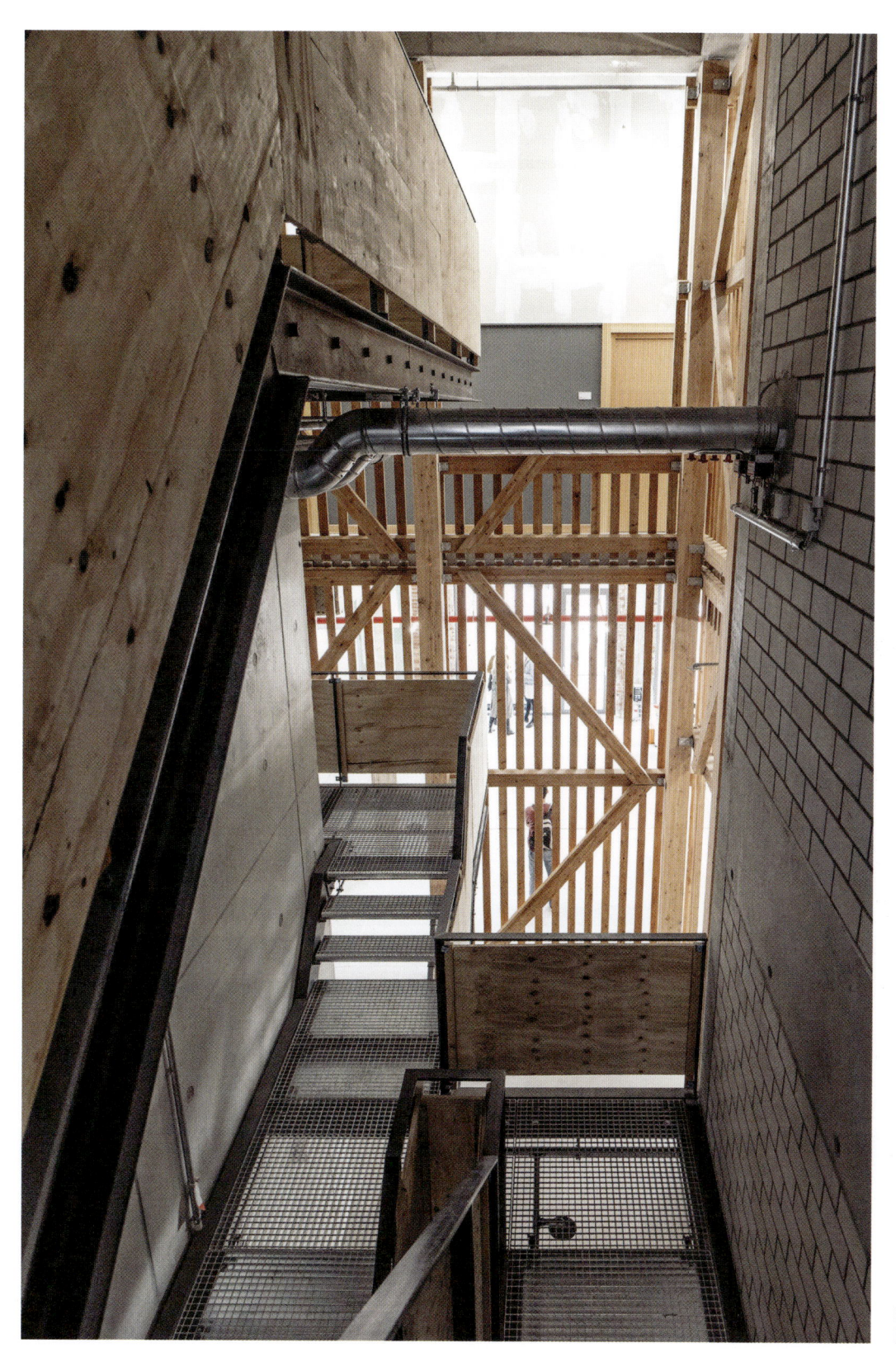

Umgang des Bühnenturms für
Beleuchtung und Regie

Aber bedeutet dieser Kunstgriff nicht noch mehr? Wahrscheinlich. Denn er dürfte als treffliche Reminiszenz an Theaterbauten und die Geschichte der Schauspielkunst gemeint sein. Die Holzkiste erzählt von den sprichwörtlichen Brettern, die bis dato die Welt bedeuten. War nicht Shakespeares Globe Theatre aus Brettern gebaut? Und beginnt nicht Heinrich von Kleists Essay „Über das Marionettentheater" mit der Beschreibung einer kleinen Bühne, die aus Holz „auf dem Markte zusammengezimmert worden war"?

Geht man an dem holzverkleideten Bühnenturm vorbei, den O&O Baukunst ähnlich wie den Turm beim Landesarchiv NRW in Duisburg (2014) und zuvor den beim Schiffbau, dem Theater- und Kulturzentrum in Zürich (2000), mit dem an der Stirnseite seitlich tief aufgeschnittenen Altbau verlinkt hat, gibt der Lattenvorhang den gesamten Bau frei.

Puppenfundus

Um die Unwucht etwas auszubalancieren, die durch den dominanten Turm auf der östlichen Seite des Bauwerks entstanden ist, flankiert westlich ein eingeschossiger Pavillon für die Cafeteria beziehungsweise Mensa den Altbau. Zwischen diesen neuen Architekturen liegt der Haupteingang der Hochschule und in der Folge der fast 100 Meter lange und 26 Meter breite Altbau samt dem zentralen Büro-Appendix. Die Architekten haben den Riegel mit mehr als 8.000 Quadratmeter Nutzfläche „aufgeräumt". Er ist von Anbauten, Laderampen und Durchbrüchen befreit. Das Sheddach fehlt. Der 21 Meter hohe Bau wurde hell verputzt, aber mit seiner bestehenden Lochfassade, den wenigen Schmuckleisten am Dach in seinem ursprünglichen schlichten Charakter belassen.

Ebenso wie Theaterleute stillgelegte Produktionsstätten wegen ihres besonderen Charakters als Spielorte schätzen – die französische Regisseurin Ariane Mnouchkine zog als Erste 1970 mit ihrem Théâtre du Soleil in eine Fabrikhalle, die Cartoucherie de Vincennes bei Paris –, lassen es sich auch Architekten nicht entgehen, die ungeheure Faszination roher Materialität zu inszenieren.

Die intensive Nutzung durch die Opernwerkstätten hat tiefe Kerben in den Altbau an der Zinnowitzer Straße gegraben: Mauerwerk, Leitungen, Kabeltrassen, Reste von Farbanstrichen an Decken und Wänden, Schmauchspuren, nackte Stützen und Träger bildeten das Interieur, als der Umbau 2014 begann.

Den morbiden Charme dieser Erinnerungsspuren hat O&O Baukunst in eine neue Aura überführt, die im Erdgeschoss eindringlich sichtbar wird: Wer in das Gebäude tritt, sieht sich in weiten Teilen der alten Werkstatt und ihrer rohen Struktur gegenüber. Bis zur Türhöhe von 2,30 Meter sind die Flächen mit Tafellack, die Kanten und Rahmen mit schmalen Holzleisten veredelt. Darüber ist alles rau, alt, authentisch geblieben, als wären wir in einer „Location" à la Berghain. Frei stehende Stützen takten das Foyer. Die Decken sind unverputzt, Farbreste und Mauerwerk geblieben. Risse, Kratzer wie Graffiti und wieder das Holz, das sich von der Fassade bis ins Innere fortgesetzt hat, begegnen uns. Sicher, das muss man mögen! Dazu blickt man in verglaste Garderoben und durch Scheiben in drei große Räume: der Fundus mit Kostümen, für die Requisiten und der für die Puppen, wo die Marionetten leblos an Fäden und Stäben hängen, bis sie erweckt werden.

Das Architekturbüro hat neben all diesen Kunstgriffen eine schöne und praktische Schule geschaffen. An der HfS Ernst Busch wird Regie, Schauspiel, Tanz und – neben Stuttgart – im einzigartigen Fachbereich das Puppenspiel gelehrt. Für all dies sind quasi große und kleine Kisten aus Holz, hinter Glas, Gips, aus Stein und Beton mit schönen Tanzböden für das körperliche Spiel, die „Action", sowie Seminarräume bis hin zu Studios für die digitale Puppenspieltechnik gestaltet worden.

Das bauliche Konzept ist auf Kommunikation, Reibung, Vielseitigkeit angelegt. Die Schulräume werden in jedem Stockwerk mittels einer zentralen Straße erschlossen. In ihren südlichen Abschnitten befinden sich der Bühnenturm sowie die Seminar- und Unterrichtsräume. Im nördlichen Bereich reihen sich rechts und links der Straße die großen und kleineren Probensäle auf – mit Höhen von bis zu 6 Meter – zum Turnen, Fechten, Proben, Spielen. Eine massige Treppenskulptur teilt diese „öffentlichen" Straßenbereiche. Dort trifft man sich, macht Flurfunk. Ebenso unterbricht die 380 Quadratmeter Nutzfläche umfassende zweistöckige Bibliothek den Bau, die im Wettbewerbsentwurf noch im Turm zwischen den Studiobühnen lag, aber dort dem Rotstift zum Opfer fiel. Die Werkstätten schließlich sind auf der östlichen Seite durch eine Flucht mit den Studiobühnen verbunden, damit die gebauten Kulissen dorthin transportiert werden können.

Kennt die Gesichter der Absolventen der renommierten Schauspielschule heute nicht jeder Theaterbesucher, Kinogänger oder Fernsehzuschauer? Corinna Harfouch und Michael Gwisdek, Jan Josef Liefers, Lars Eidinger und Nina Hoss studierten hier Schauspiel. Thomas Ostermeier und Andrea Moses lernten an der HfS Ernst Busch Regie. Astrid Griesbach studierte, Michael Hatzius unterrichtet am Fachbereich Puppenspiel. Anna Aristarkhova und Lina Gómez sind heute erfolgreiche Choreographinnen.

Studierende des Masterstudiengangs Choreographie

Dem Who's who gegenüber steht eine weniger bekannte Geschichte der Schule, deren Anfänge 1905 auf Max Reinhardt zurückgehen, aber deren Verortung im Stadtgrundriss eine terra incognita bildete. Die dezentralen Standorte – bis auf das kleine bat-Studiotheater in der Belforter Straße – blieben im Bewusstsein vieler Berliner unterbelichtet. Die Suche nach einer neuen Adresse, die öffentlichkeitswirksamen Proteste von Studierenden, Absolventinnen und Absolventen 2012 sowie der Streit um die Kosten von ursprünglich geplanten 34 Millionen Euro korrigierten das Image nur zum Teil.

Tatsächlich bestand eine wesentliche Frage der Architekten darin, wie man mit einem urbanen Konzept den Standort für die Hochschule an diesem

Umfeld aus Leere und baulichen Flickenteppichen quasi zum Leben erwecken und die wichtige Institution und ihre Nutzer an die Stadt zurückgeben kann. Ein ausschließlich behutsamer Umgang mit derartigen städtebaulichen Situationen ist die Sache von O&O Baukunst nicht. Sie bauen Architekturen, die sowohl dem Bestand als auch dem Umfeld eine starke Haltung, einen Kontrast, wie die HfS Ernst Busch es ist, gegenüberstellen. So gesehen, ist es womöglich einfacher gewesen, dass am Nordbahnhof Rudimente des Eisenbahnzeitalters, Bürotrakte der Deutschen Bahn AG oder der Neubau für den BND, historische Substanz wie der frühere NS-Posthof, Appartementhäuser, Hotels und schrille Konzepte wie etwa das Wohnhaus „Sapphire" von Daniel Libeskind das Gesicht des Quartiers prägen.

Studiobühne UNTEN, Blick vom Beleuchtersteg

Fällt es schon heute nicht mehr leicht, sich die durch den Mauerverlauf bis 1989 und noch Jahre danach leergefegte Topographie zwischen der Bernauer- und Chausseestraße vorzustellen, bedarf es noch mehr Fantasie, sich das lebendige Bahnhofsviertel ab 1870 rund um den Stettiner Bahnhof in Erinnerung zu rufen.

In Siebenmeilenstiefeln entwickelte sich nach der Gründerzeit die Oranienburger Vorstadt vom Industriestandort – dem „Feuerland" – zum Bahnhofs- und durchmischten Gewerbe- und Wohngebiet. Zwischen 1860 und 1910 wuchs die Einwohnerzahl von 57.000 auf knapp 130.000 Menschen.

Mit der Stettiner Bahn reisten die Berliner an die Ostsee, nach Stettin, Stralsund und Danzig. Der pulsierende Rhythmus aus Ankunft und Abfahrt, der damals an jedem größeren Bahnhof den Takt der Großstadt schlug, übertrug sich auf das Viertel. Bis in die 1930er-Jahre blieb es ein Schau- und Umschlagplatz mit enormer Verdichtung urbaner Energie im Dreieck Invaliden-, Bernauer und Chausseestraße.

Selbst nach dem Zweiten Weltkrieg und in Trümmern war der Platz vor dem zum Nordbahnhof umgetauften Stettiner Bahnhof noch ein lokales Zentrum an der Schnittstelle zweier Sektoren. Mit dem Abriss des Bahnhofgebäudes 1960 und dem Bau der Berliner Mauer 1961 lösten sich die letzten urbanen Funktionen dort auf.

Soll man heute konstatieren, dass die glanzvollen Zeiten vorbei sind und die glanzlosen Zeiten aus Krieg und Mauerbau diesen Verlust unwiederbringlich machen? Wohl kaum. Zwar vermögen die Wiedereröffnung der S-Bahn am Nordbahnhof, die Parkanlagen und Neubauten darüber nicht auszusöhnen. Aber eine urbane Renaissance anderer Art ist denkbar.

Städtische Lebendigkeit hängt nicht nur an Bauformen oder Verdichtung, sondern an ganz anderen ästhetischen oder ökonomischen Faktoren. Da geht es um neue Angebote, Räume für Kreativität und um die Frage, wer sich dort aufhalten möchte. 2013 eröffnete in den leeren Opernwerkstätten die Ausstellung „Olympus OM-D Photography Playground". Der Kamerahersteller hatte internationale Künstler gebeten, die 8.000 Quadratmeter Fläche mit Installationen zum Thema „Raum und Kunst" zu bespielen. Es wurde eine der spektakulärsten Ausstellungen Berlins.

Diese Idee von lebendiger Stadt verfolgen O&O Baukunst. Dem Gebäude der HfS Ernst Busch liegt die Absicht zugrunde, ein Stück europäische Stadt zurückzugewinnen mittels Architektur, ihrer Nutzung und dem öffentlichen Charakter, den die Hochschule ausstrahlt. Außer Studierende und Lehrkräfte sollen ab Herbst 2018 auch andere dort ein- und ausgehen.

Für diese haben die Architekten die Nutzungsmöglichkeiten der beiden 20 mal 15 Meter großen und fast 10 Meter hohen Studiobühnen erweitert, um die Besucher mit öffentlichen Theateraufführungen, Tanzperformances und Veranstaltungen für diesen neuen kulturellen Anziehungspunkt zu begeistern. Dass die Studios technisch und räumlich flexibel sind, erlaubt, von der Guckkastenbühne bis zu experimentellen Aufführungen alles darstellen zu können.

Zwischen der Holzfassade und den Studiobühnen ist schließlich je ein lichter Wandelgang um das Viereck gelegt. Dieser Umgang dient als Foyer, Raum für Pausengespräche oder als Treffpunkt nach den Proben. Tagsüber fällt das Licht in die mit semitransparenten Polycarbonatplatten verglaste Holzkiste. Umgekehrt strahlt nachts der beleuchtete Quader wie ein japanischer Lichtpavillon die Botschaft nach draußen aus, dass hier was abgeht.

Diese Einladungen ergänzt die kleine Cafeteria, die allen Besuchern offensteht. Schließlich soll der Lesesaal der Bibliothek mit ihren 40.000 Medienangeboten zur Theatergeschichte, mit Literatur zu Tanz, Regie und Puppenspiel frei zugänglich werden.

Navigiert man sich durch das Haus und vernimmt den Dialog von Alt und Neu, ist auch die Dialektik zwischen der Hochschule für Schauspielkunst Ernst Busch und ihrem Umfeld verständlich. Als „Bombe" hat Manfred Ortner den Bau einmal bezeichnet, als „Zünder", den die Schauspielschule dort anstecken muss. Das ist kein schlechtes Bild für die vorgestellte Wirkung, die von dem zeichenhaften Tower samt Riegel in die Gegend am Nordbahnhof ausstrahlen soll. Diese kann vom Experimentellen, Rohen, Knalligen mehr als genug gebrauchen.

Ein Anfang ist gemacht, komplettiert die HfS Ernst Busch doch die Trias kultureller Einrichtungen – vom Dokumentationszentrum Berliner Mauer (mit seiner Holzkirche!) über die Medienschule „imk" im nahen Stellwerk.

Steckt zuletzt nicht auch viel Empathie der Architekten in dieser Holzkiste für die jungen Künstler? Und ist bei der Hochschule nicht ebenso etwas zu spüren von den provokanten Anfängen von Haus-Rucker-Co, der Architekten- und Künstlergruppe, mit der Laurids und Manfred Ortner ihren Weg begannen? In die „Busch"-Kiste ist eine Menge davon gepackt. Und sie ist ein Spiegelbild der jungen Künstler, die noch aus einem ähnlich unfertigen Material wie das Holz sind.

Installation des Masterstudiengangs Choreographie, Idee Dina Sennhauser

HIER IST RAUCHEN ERLAUBT!
WISSENSCHAFTLICHE FUNDIERTHEIT
MEHR SCHMUSEN
STÜTZEN-FREIHEIT
bedeutet
FRAUEN SIND AUCH NUR MÄNNER
Du bist auch nur 1 ARSCHLOCH
J. Rodrigo
ist kauf
BÖSE KLUG WITZIG
Liberation for all
DIE Jugend ist nur eine
Rolle

IHR, DIE IHR EINTRETET

Cora Waschke

Es ist gerade noch Vormittag, und ich bin die Einzige mit Laptop im Glaskubus. Zwei junge Frauen – ganz in ihrer Rolle als Schauspierinnen – diskutieren theatralisch vor einem fasziniert verstummten Zuschauer. An einem Nebentisch findet sich das Kontrastbild einer gesetzt und verständig wirkenden Gruppe älterer Leute – bestimmt Lehrende. Das Schauspiel hat begonnen.

Das zum Foyer offene Café ist ziemlich gut platziert. Immer wieder winkt ein junger Mann neben mir Vorbeilaufenden zu, man tauscht sich kurz im Vorbeigehen aus, oder setzt sich zusammen: „Wir fahren am Wochenende nach … und spielen dort ein Kindermärchen, wir können telefonieren." Reden, Reisen, Spielen. Ich bin ein wenig neidisch auf die ständige Bewegung der Körper und Stimmen der Menschen, die in diesem Gebäude zusammenfinden. Als Schreibende fühle ich mich wie ein etwas einsamer, unbeweglicher Fels, hier immerhin in einer Brandung, die auch Tage nach der Eröffnung noch eine gewisse Spannung vermittelt: „Alle zum Anfang für alle." Irgendetwas muss doch passieren! Wenn nicht hier, wo dann? Wenn nicht ihr, wer dann!

Wenn man aus Kreuzberg kommt, erscheint einem Berlin-Mitte geradezu ausgestorben. An der Invalidenstraße ausgestiegen, werden nach ein paar Metern die Läden weniger und die Zeilenbauten mehr. An der Steinecke am Nordbahnhof hat die Bäckerei-Kette mit selbigen Namen ihren passenden Ort gefunden. Alles nur aus Stein. Eine öde Fläche zieht sich von der Station bis zur Straße und der Bäckerei mit dem Logo, das aussieht wie ein duftender Haufen. Davon ist hier nichts zu sehen, alles ist leblos sauber. Ich biege um die Steinecke, ihre Schießscharten-Fenster ziehen sich ewig fort. Auf der anderen

Straßenseite hockt der Seitenflügel des ehemaligen Nordbahnhofs mit seinen gerundeten Formen im gelblichen Backstein als Fossil zwischen den grauen Neubaublöcken. Beim Anblick des Schriftzugs vom Café Einstein werde ich kurz nostalgisch, weil ich mich – in der Rolle der Flâneuse – nach den Caféhäusern der vergangenen Jahrhunderte sehne. Um die Glasecke gebogen, steht prompt der hölzerne Bühnenturm der HfS Ernst Busch vor mir. Seine Holzfassade wirkt wie ein Gerüst für etwas, das dahinter noch konstruiert wird. Diesen Eindruck bestärkt die derzeitige Baustellensituation im Neubaugebiet.

Ich habe Hunger. Inzwischen ist es Mittag und ich kann nicht fassen, dass in der ‚Mensa' jetzt noch weniger los ist als bei meinem Eintreffen. Essen die hier nicht? In dem Moment betritt die Bühne des Foyers eine Spindeldürre. Danke für den Auftritt des Zufalls! Ich hole mir jetzt etwas zu essen, denke ich, woraufhin immer mehr Leute aus dem Off an die Theke rauschen und eine ordentliche Schlange bilden. Was ist denn das für ein Theater!

Die Geschirrrückgabe ist eine Drehbühne – eine Tasse hat ihren großen Auftritt und dreht ab. Der Sichtschutz um den Glaskubus wirkt wie metallene Vorhänge und wie Rampen von Baustellengerüsten, die hochgeklappt wurden. Als könnte man hier die Wände hochlaufen.

Eine Hochschule für Schauspielkunst ist wohl im besten Falle das: ein utopisches Theater im Entstehen. Auf der Basis einer jahrhundertealten Tradition soll die Freiheit gegeben sein, Neues zu entwickeln. Die Architektur spiegelt das wider. Zwischen den neuen Gebäudeteilen aus Holz und Glas erstreckt sich der Altbau der Opernwerkstätten. Ihn tragen Backstein- und Betonsäulen, unverputzt wie die Decke, teilweise weiß gestrichen, Leitungen sind sichtbar – unfertig? In das Alte kann sich hier das Neue in Gestalt kommender Generationen von Studierenden und Lehrenden ein- und fortschreiben; wortwörtlich an den tafelverkleideten Wänden. Das Erste, was ich dort lese, ist: „Ihr, die ihr eintretet, lasset alle Hoffnung fahren." Bei Dante ein Willkommensgruß der Hölle. Und hier: eine Absage an die Erwartungen, die an die jungen Studierenden an diesem Ort gestellt werden; an den Hoffnungsort Theater als gesell-

Blick vom Foyer in die Cafeteria

schaftsverändernde Instanz? Oder eine Anspielung zur verheerenden finanziellen Lage der meisten Theaterschaffenden?

Mir schwirrt der Kopf. Nicht nur die Tafeln sind vollgeschrieben und beklebt – mit vielen Schweinereien-Schmierereien oder Kommentaren zum Gebäude: „Ihr Buschis werdet den rohen Bau schon noch mächtig rocken", „Mehr Farbe: Rot, Gelb, Blau" oder verballhornte Liebeserklärungen an die Architekten. Und dann entdecke ich in der Menge ein Zitat von Hermann Hesse, das überraschend gut zu dem hier stattfindenden Neuanfang in neuen Räumen passt: „Und jedem Anfang wohnt ein Zauber inne. (...) Nur wer bereit zum Aufbruch ist und Reise, mag lähmender Gewöhnung sich entraffen. Es wird vielleicht auch noch die Todesstunde uns in neuen Räumen jung entgegensenden. Des Lebens Ruf an uns wird niemals enden. Wohlan denn, Herz, nimm Abschied und gesunde."

Stille im zweiten Stock. Dunkelheit, wenn der Bewegungsmelder einen nicht entdeckt. Eine Tischtennisplatte – Schläger und Ball eben abgelegt – reflektiert das wenige Tageslicht. In den gläsernen Wänden spiegeln sich wie Spukgestalten Menschen und Puppen aus den großen Fotografien einer Ausstellung.

Sie erinnern mich an die Puppen hinter Glas der Puppensammlung im Erdgeschoss. Regungslos hängen dort Mensch und Tier, Monster und Roboter, bis sie durch die Hände des Spielers zum Leben erweckt werden.

Die letzten Eindrücke stammen von einem anderen Tag. Ich bin noch einmal zurückgekommen, um den Text zu beenden. Das aber lässt dieser Ort nicht wirklich zu. Ich möchte noch hinter die geschlossenen Türen der Proberäume blicken, will sehen, was hier gespielt wird, will vor und auf die Bühne. Ich bestelle noch einen Kaffee für Externe. „Sie bekommen bestimmt bald Ihren Ausweis", sagt mir die Dame hinter der Theke. Schön wär's.

Harald Hauswald wurde 1954 in der sächsischen Provinz Radebeul als Sohn eines Fotografenmeisters geboren. Er ist Gründungsmitglied der Agentur OSTKREUZ und Träger des Bundesverdienstkreuzes. Die Bundeszentrale für politische Bildung verlieh ihm 2006 den „einheitspreis – Bürgerpreis zur Deutschen Einheit". Harald Hauswald wurde durch viele Publikationen und mehr als 250 Einzelausstellungen in Deutschland, den USA, Frankreich, Italien und den Niederlanden zum wichtigsten systemkritischen Chronisten und Bilder-Geschichtenerzähler der DDR. Vor allem sein humorvoll spielerischer Blick auf zwischenmenschliche Beziehungen machen ihn zu einem der ästhetisch einflussreichsten Fotografen Deutschlands.

1970 bricht Harald Hauswald die Lehre im Fotogeschäft seines Vaters ab, will nicht im Labor „Lieschen Müllers" Urlaubsfilme entwickeln. Er jobbt auf dem Bau, als Techniker einer Leipziger Rockband, als Anstreicher, Heizer, Aufzugsmonteur, Laborant, Passbildfotograf, Gerüstbauer und Restaurator. Nach seiner Lehre als Fotograf zieht er 1977 nach Ostberlin, fotografiert für die evangelische Stephanus-Stiftung und veröffentlicht, an der durchgängigen Observierung der Staatssicherheit vorbei, anonym Fotoreportagen in westlichen Magazinen wie *GEO*, *Stern* und dem *ZEITmagazin*.

Mit sozialem Interesse und künstlerischer Ambition betrachtet er Menschen in ihrer Umgebung, in ihrem Raum und wartet auf den entscheidenden Moment – wo er den laufenden Film stoppt, ein Foto macht und ein bisschen von dem davor und danach Gesehenen mit hineinpackt und somit die Architektur des Fotos kreiert, die alle seine Bilder auszeichnet. „Wenn man schafft, dass bei anderen ein Film ankommt, dann ist es ein gutes Bild."

Marlen Burghardt

HAUSWALD MACHTE BILDER
und Kluth hielt eine Rede

Doch was ist so ein Bau, so ein neues Hochschulgebäude denn mehr als mit Beton und Stein ummauerte Luft. Also stellt sich die Frage – für die Zukunft –, wie füllen wir diese Räume, diese Flure, Probebühnen, Werkstätten, Bühnen. Wie und womit?

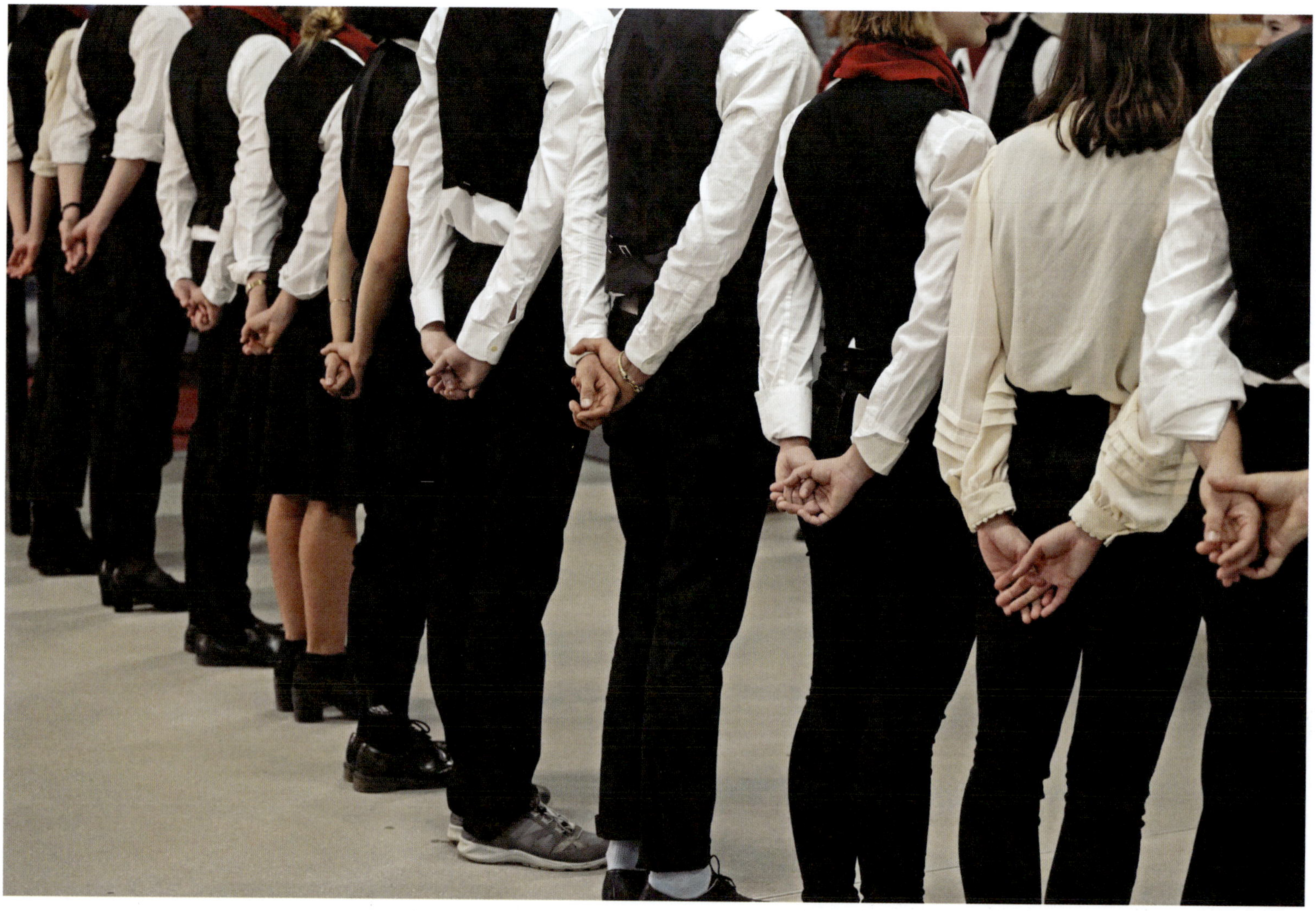

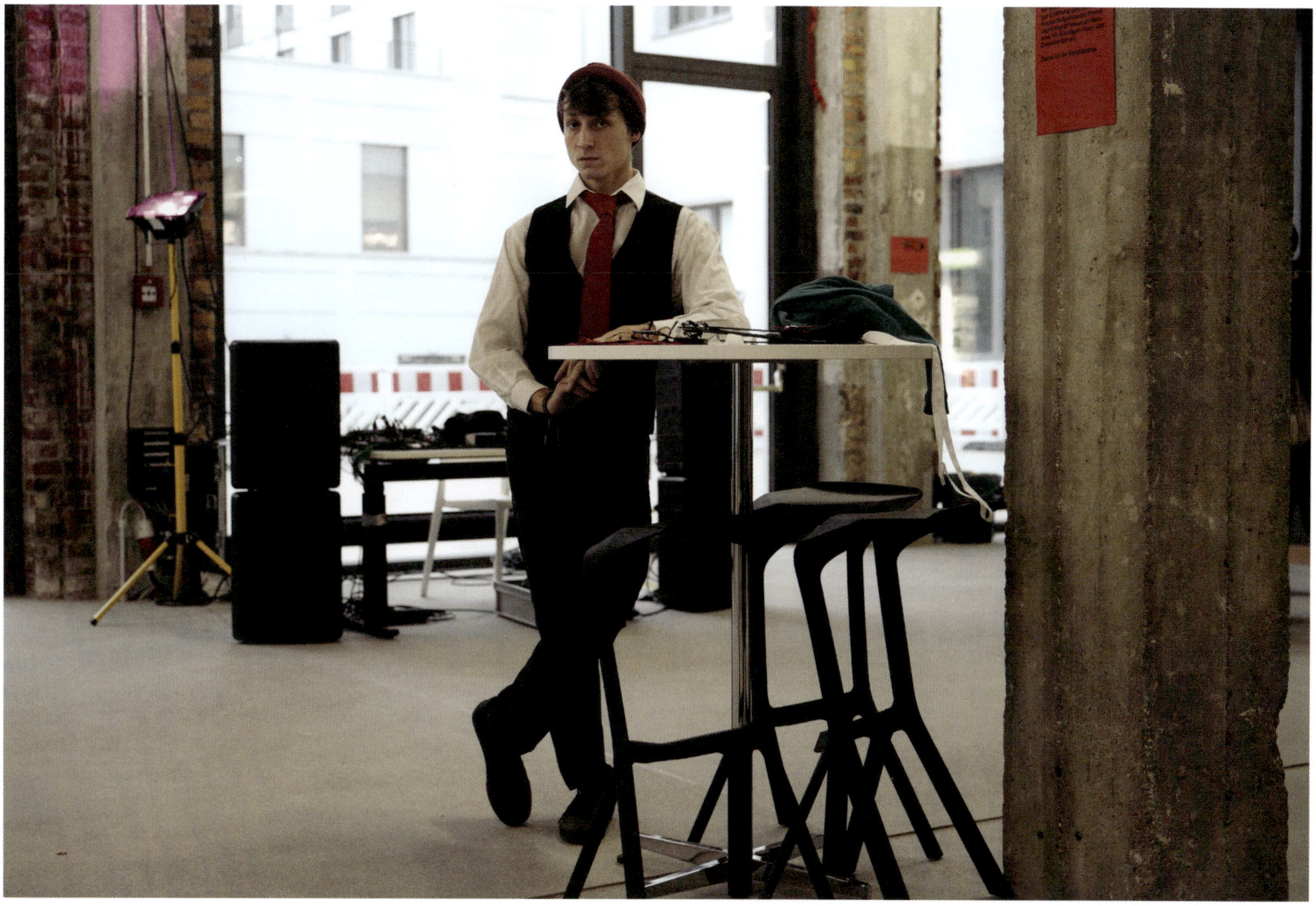

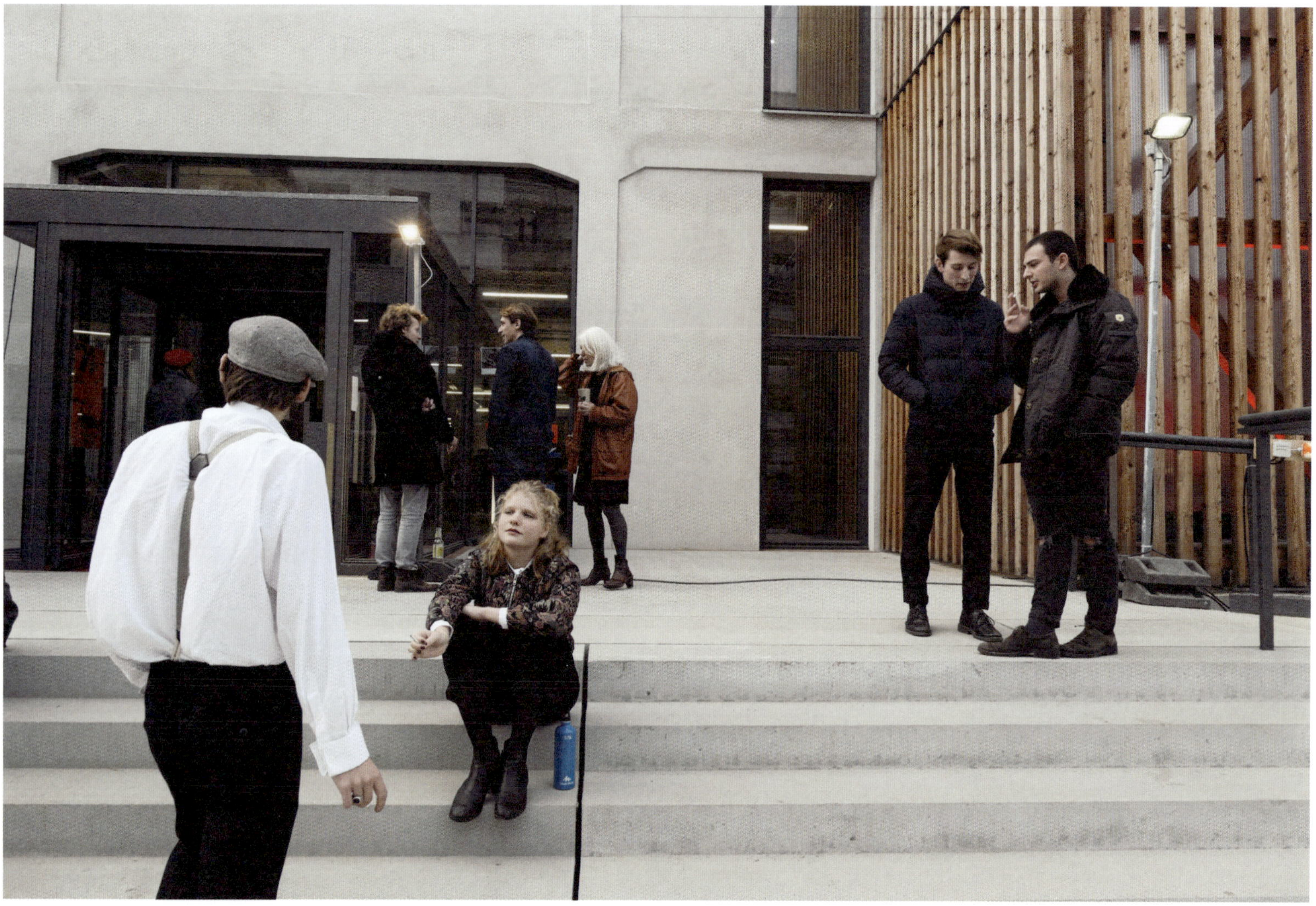

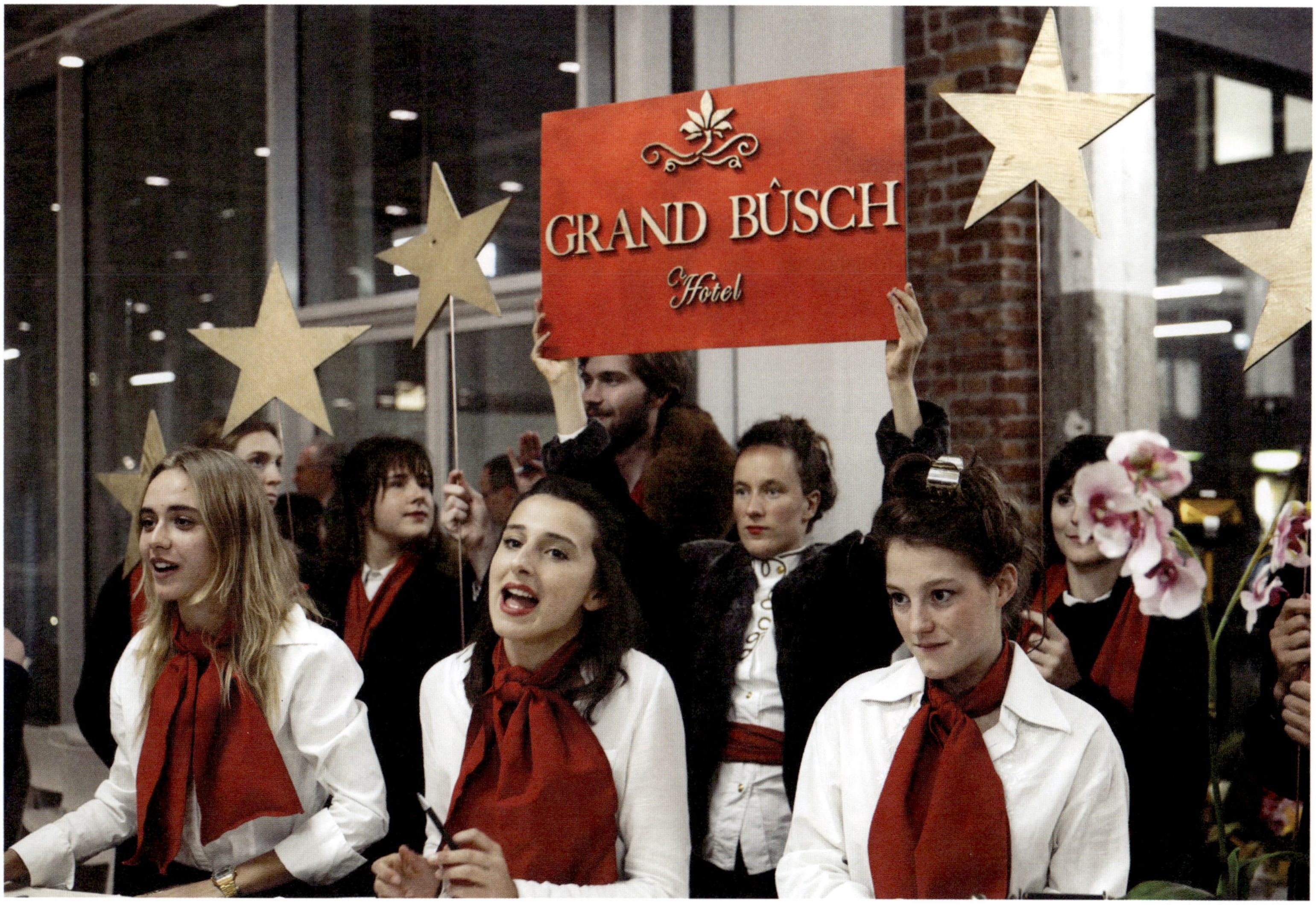
GRAND BÛSCH
Hotel

Bertolt Brecht, auf den ein Gutteil unserer erfolgreichen Ausbildungsmethoden zurückgehen, schreibt in „Der Beruf des Schauspielers": „Er studiert ständig die Gesetzlichkeiten im Verhalten der Menschen zueinander. Die Gesellschaft ist sein Auftraggeber; er studiert ihn."

Er studiert ihn – formuliert einen Anspruch, der in der Geschichte dieser Hochschule einmal sehr wichtig war und der heute vielleicht etwas angestaubt wirkt. Es gilt aber, ihn nach dem Umzug ins neue Gebäude aus guten Gründen wieder stärker zu denken.

Welche Gesellschaft hat wirklich ernsthaft einen Auftrag erteilt, sie zu kritisieren, zu dekonstruieren und womöglich grundlegend zu verändern, weil man auf Bildern, in Musik oder auf der Bühne hat sehen können, dass sie nichts taugt. Wer nämlich ist der Auftraggeber, Gesellschaft genannt? Die Gesellschaft sind wir alle und die Gesellschaft meint eben mehr als das Volk. Die Gesellschaft ist das, was sich im Ringen der meist eher persönlichen Interessen jedes Einzelnen als Gesamtes konstituiert. Und das Politische daran ist, dass sich die Interessen der Einzelnen im besten Fall positiv gruppieren, Dynamiken entwickeln und im noch besseren Fall ein Ziel erreichen wollen, nämlich eine bessere und freiere Gesellschaft.

Daher ist der Satz Brechts eine extrem anspruchsvolle Anforderung, weil sie einen Selbstauftrag formuliert.

Und jetzt wir.

Zu was beauftragen wir uns also, als künstlerische Hochschule, die Künsterinnen und Künstler ausbildet?

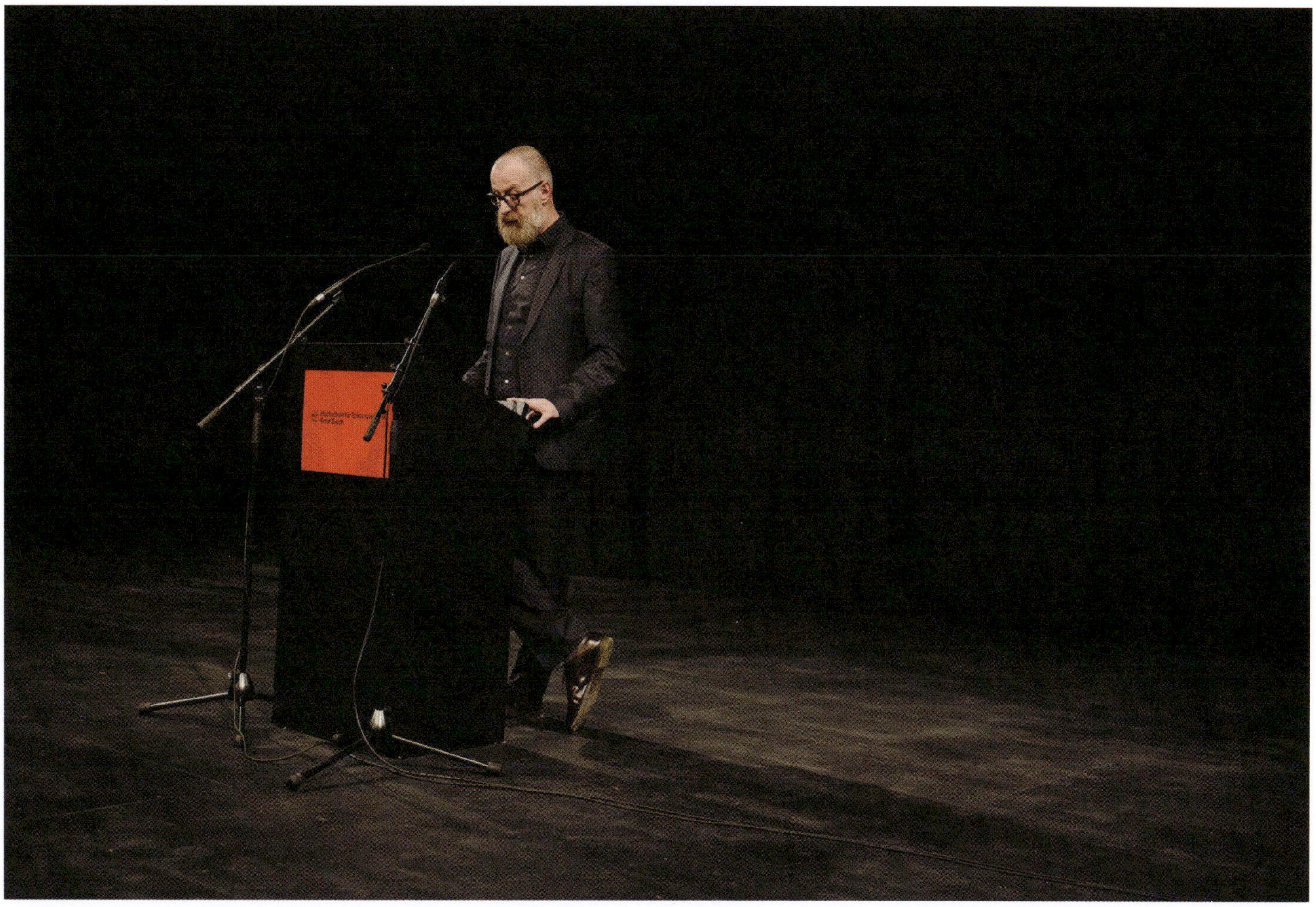

Ich verfüge genauso wenig wie vermutlich die meisten von uns noch über eine wirklich tragfähige und weitreichende Idee, die zu mehr als gesellschaftlicher Beobachtung und partieller Kritik taugt. Und mir macht das Angst, weil ich zusehe, wie eine Gesellschaft, die einmal – zumindest in Europa – die Ideale der Französischen Revolution von Freiheit, Gleichheit und Brüderlichkeit nahezu verwirklich hatte, einen Abhang herunterrutscht. In einer Geschwindigkeit, die uns wohl alle fassungslos macht.

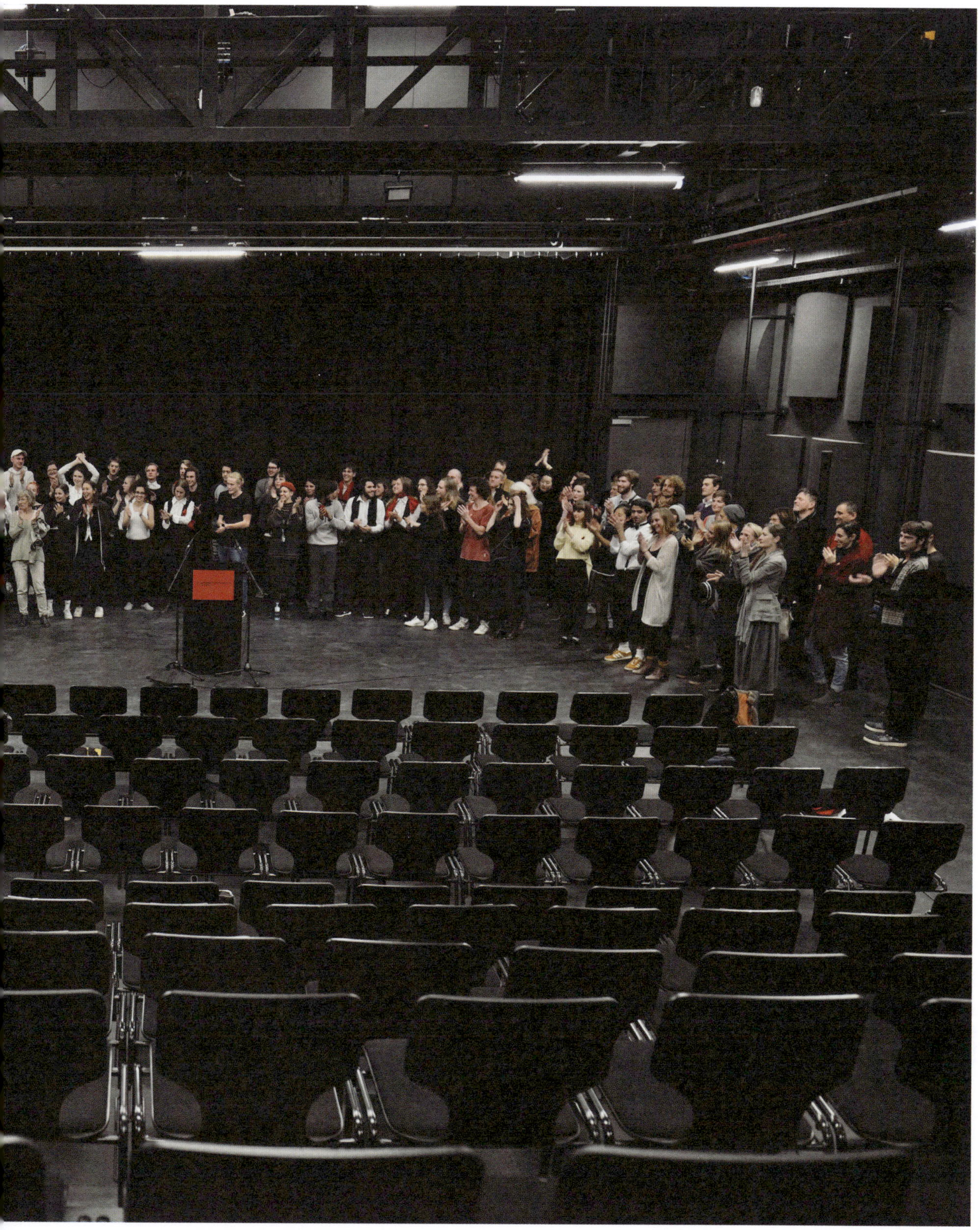

Wir als Hochschule können unseren Studierenden im Moment lediglich ein weithin anerkanntes und hervorragendes Handwerk beibringen. Wir lehren, wie sie Texte sprechen, wie sie sie zum Leben erwecken, in den Raum inszenieren, analysieren, wie sie Räume verstehen und erforschen können. Aber letztlich fehlt uns allen der gesellschaftlich zentrale Text, den es zu sprechen, zu spielen, zu tanzen wirklich lohnt, weil er uns in die Lage versetzt, unserem Wunsch, eine bessere Welt zu schaffen, näherbringt.

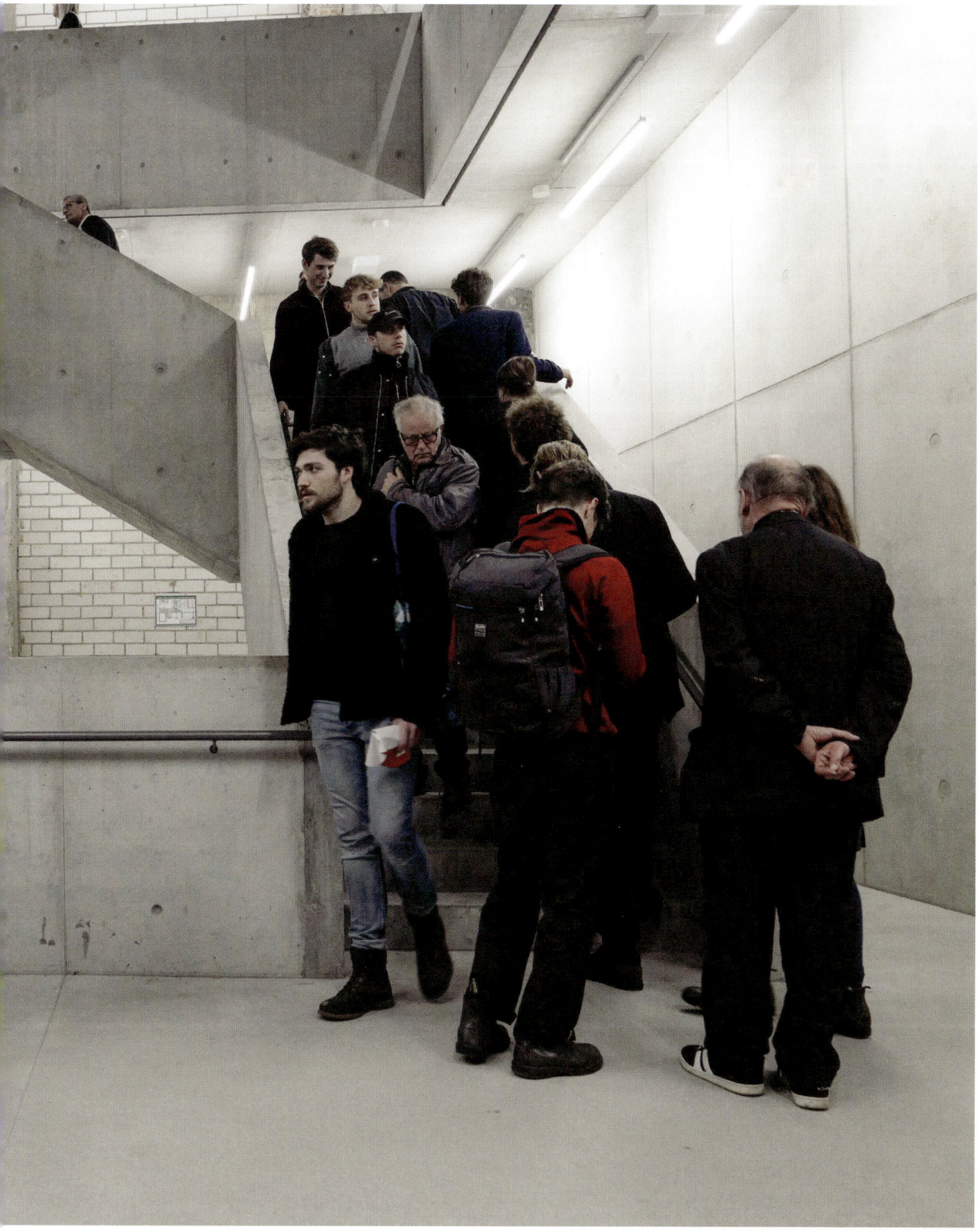

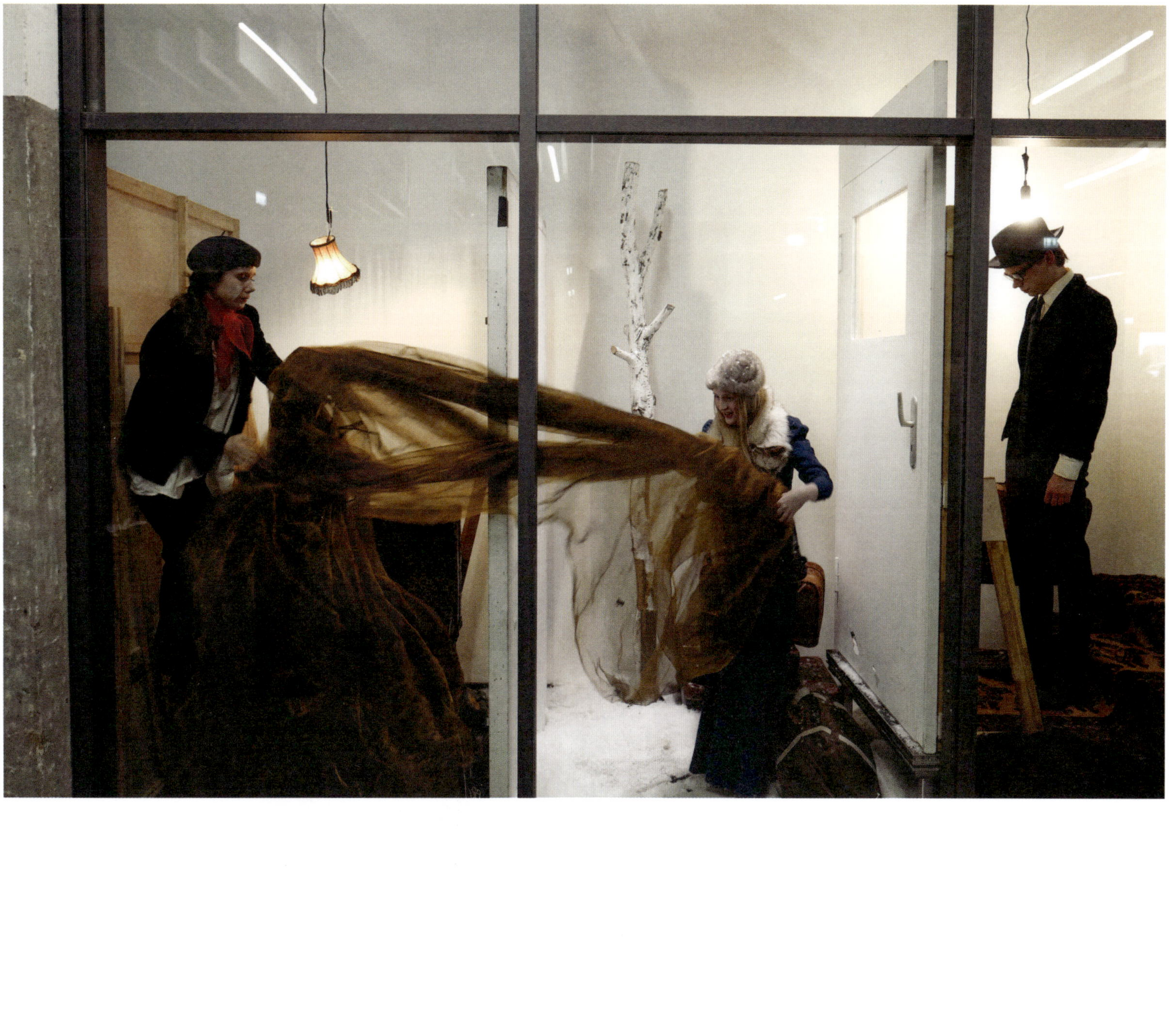

Wir bilden Künstlerinnen und Künstler aus, die ihre Stärke darin haben, im Ensemble zu spielen. Gemeint ist eine Gemeinschaft von Künstlerinnen und Künstlern, die, egal ob an einem Theater oder in der Freien Szene, eine über Jahre reichende künstlerische Arbeitsbeziehung eingehen. Die als Gruppe wirklich das gesamte Repertoire eines Theaters künstlerisch verkörpern können oder eine gemeinsame Sprache entwickeln, mit der sie sich radikal neu selbst formulieren. Sie schaffen einen Ort, an dem Menschen wachsen können, ihre Fähigkeiten vervollkommnen, als Teil das Ganze mehr bereichern, als sie vielleicht selbst vermutet hätten.

Diese Möglichkeit der langfristigen Zusammenarbeit ist einzigartig. In keiner künstlerischen Gattung ist eine derart intensive Arbeit dieser Art möglich. Nur in der darstellenden Kunst kann eine Gruppe von Individuen eine künstlerische Kraft entwickeln, die weit über die Möglichkeiten jedes Einzelnen und jeder Einzelnen hinausreicht.

117

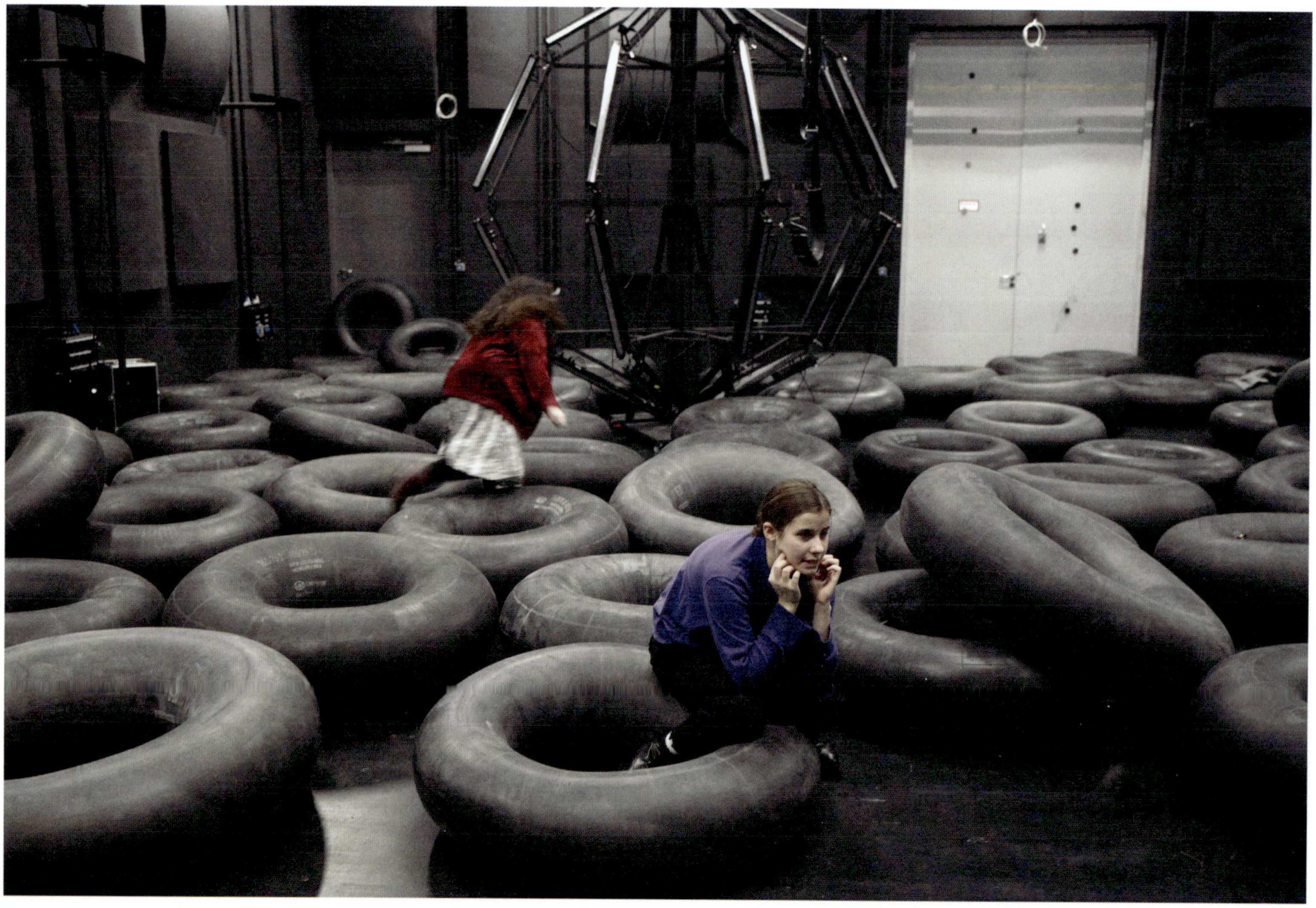

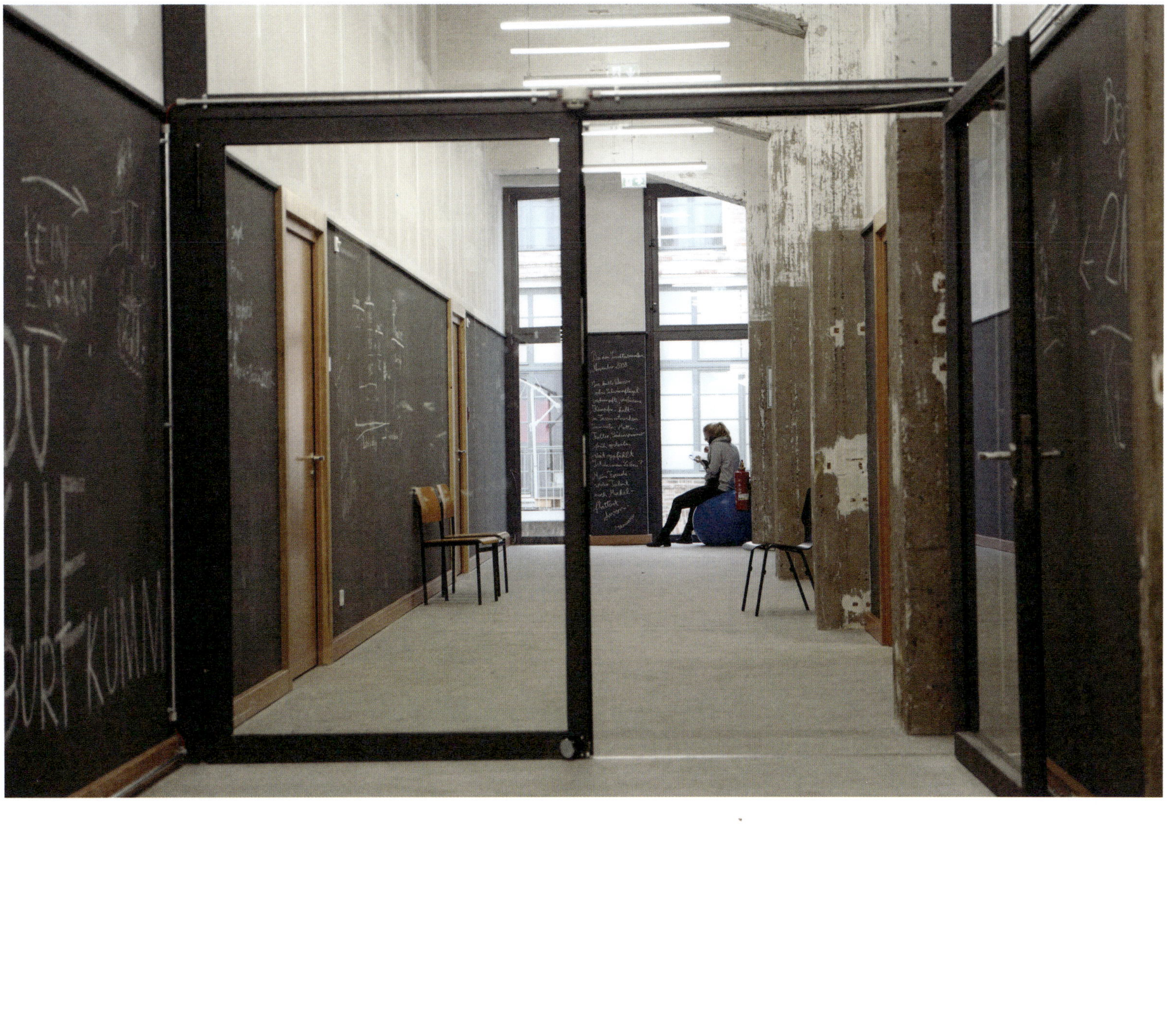

An diesem Punkt dreht sich unsere Ausbildung, wenn wir den Ensemblebegriff wirklich stark machen, wieder ins Politische zurück. Ich hoffe, es gelingt uns als kleine Hochschule, die menschliche Intensität des Ensembles, die Solidarität, die Empathie, den Willen zur Gemeinschaft gegen den gesellschaftlich grassierenden Ich-Begriff zu stellen, der alle Verantwortung nur noch auf die Einzelnen bürdet.

Schaffen wir einen Raum, in dem ein angstfreieres Studieren, Arbeiten und Denken möglich wird und vielleicht ein neues, anderes politisches Denken oder sogar ein utopisches Denken.

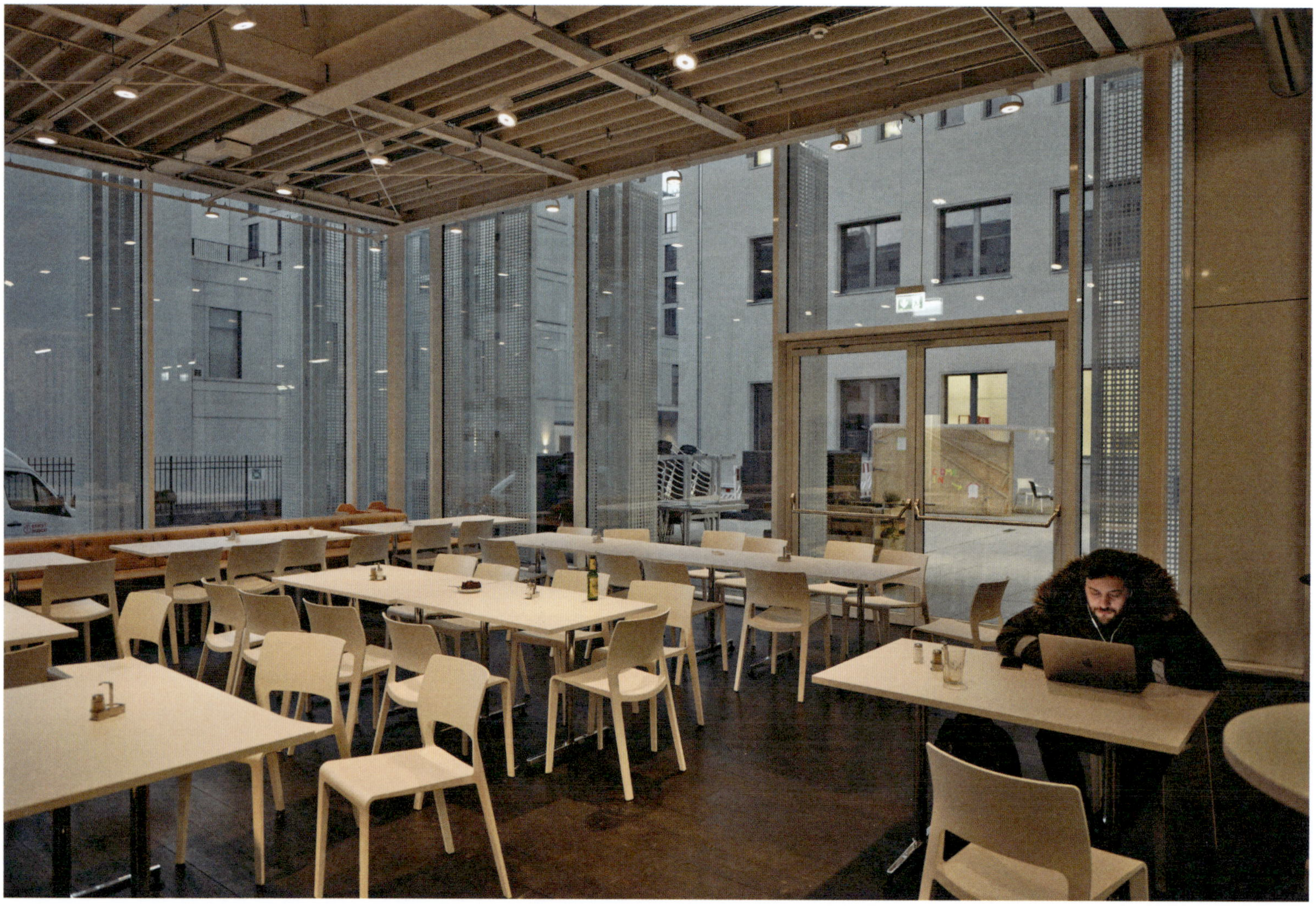

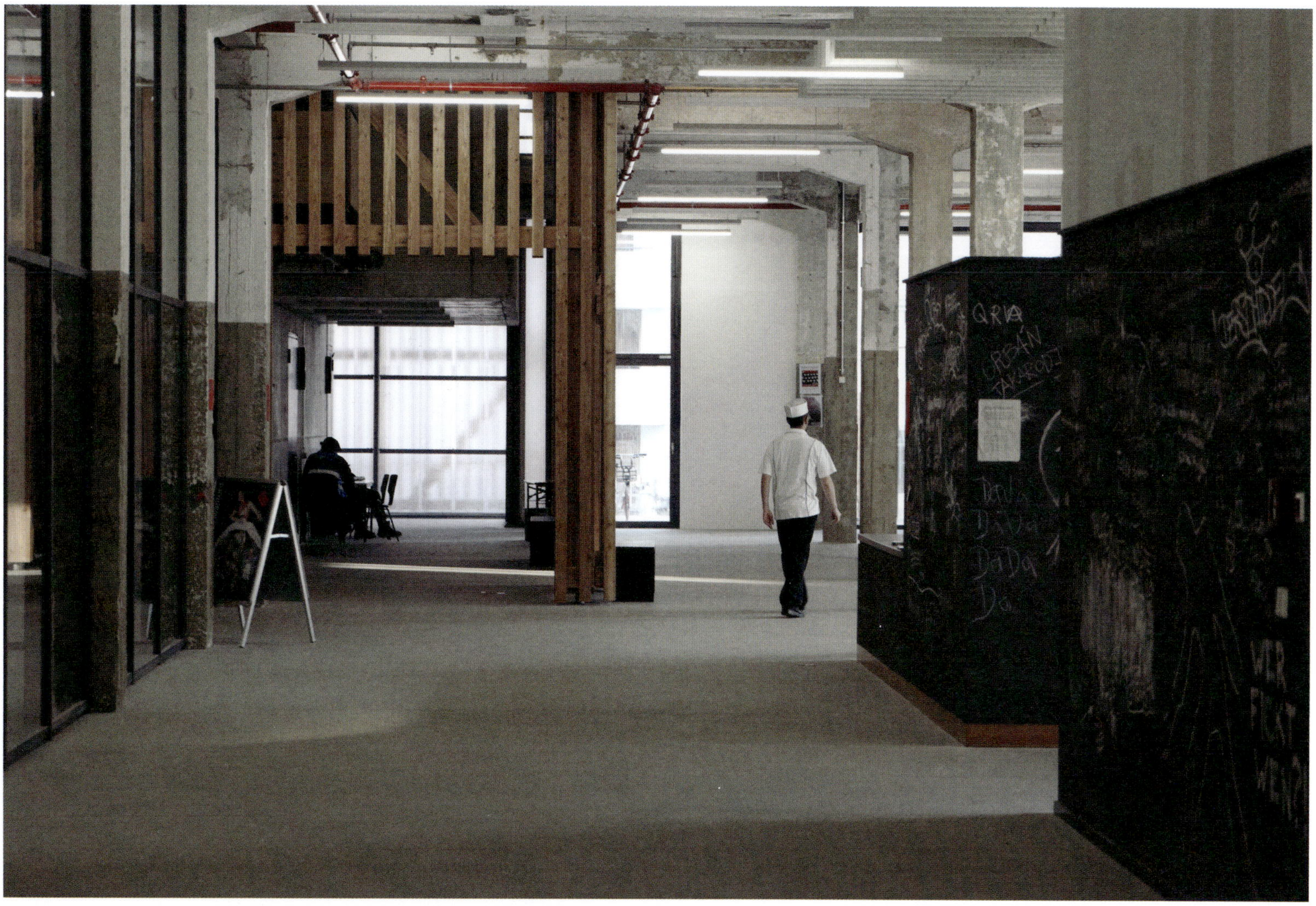

Wir können unseren Studierenden den von Brecht formulierten Auftrag nur einfach weitergeben. Wir können und müssen unsere Studierenden aber dringend auffordern: Lernen Sie das Alphabet, wie Brecht das nannte, machen Sie sich ein wirklich kritisches Bild von der Welt. Finden Sie für die Wut, die sich einstellt, ein lohnendes, großes Ziel und dann machen Sie bitte etwas daraus.

Auszüge aus der Rede von Holger Zebu Kluth zur Eröffnung der neuen HfS Ernst Busch am 26. Oktober 2018

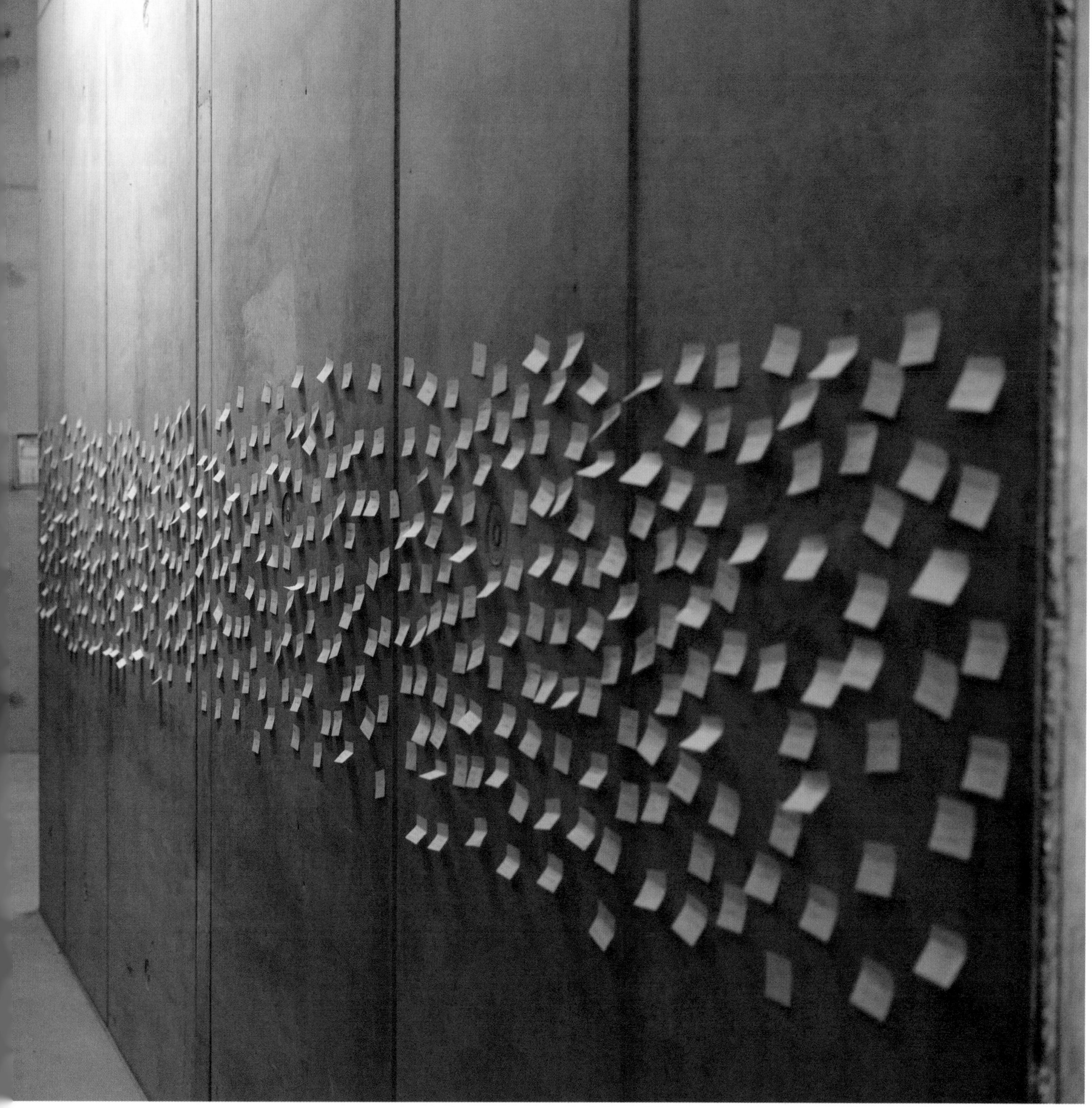

Die Schauspielschule im Wesendonckschen Palais, In den Zelten 21. 1905–1911

*„Um zu beobachten, muß man vergleichen lernen.
Um zu vergleichen, muß man schon beobachtet haben.
Durch Beobachtung wird ein Wissen erzeugt, doch ist Wissen nötig zur Beobachtung."[1]
Bertolt Brecht*

CHRONIK DER SCHULE

Daniela Wićaz-Hattop, Claudia Kießling,
Kerstin Hensel, Susanna Poldauf

„Dem Königlichen Polizei-Präsidium gestatte ich mir die ganz ergebene Mitteilung zu machen, daß ich die Absicht habe, eine Schauspielschule zu gründen, die den Zweck haben soll, meinem Theater einen künstlerischen Nachwuchs zu sichern und sich mit der technischen Ausbildung des Schauspielers zu befassen, wie sie der Pflege des klassischen modernen Stildramas zur Bedingung macht. (...) für Max Reinhardt in Generalvollmacht Edmund Reinhardt".[2]
(Bruder von Max Reinhardt, Anm. Redaktion)

Die junge Generation von 1905. Der erste Jahrgang der Schauspielschule

*„Eure Aufgabe,
Schauspieler, ist es
Forscher zu sein und Lehrer in
der Kunst der
Behandlung der Menschen.
Kennend ihre Natur und sie
zeigend, lehrt ihr sie
sich zu behandeln. Ihr lehrt sie
die große Kunst
des Zusammenlebens."³
Bertolt Brecht*

Der Intendant des Deutschen Theaters Max Reinhardt gründet die erste deutsche Schauspielschule. Sie wird am 2. Oktober 1905 im alten Palais Wesendonck, In den Zelten 21, eröffnet.

Unter der Leitung von Woldemar Runge wird an der Schauspielschule ein Regiekursus angegliedert.

Die „arische Abstammung" wird erste Voraussetzung für die Zulassung zum Studium. Im Absolventenbuch findet sich vom 30. März 1933 folgende Eintragung des damaligen Studenten Hans Kaufmann:
„Zwei Jahre habe ich auf der Schauspielschule des Deutschen Theaters verbracht. Jahre tiefen Erkennens und Sichbildens. Nun muß ich fort. Sie wollen mich nicht mehr leiden hier. Sie wollen Deutschlands Sprache aus meinem Munde nicht hören. Ach ich hoffe den Tag nicht allzu fern, da sie mich wieder empfangen, die Tür öffnen – nicht nur dem Wehrhaft-Starken, sondern auch dem Allmenschlich-Gütigen, denn dies scheint mir wahrhaft ewig mit deutscher Sprache verbunden."⁴

1905   *1931*   *1933*

Die Absolventinnen und Absolventen des Studiengangs Schauspiel 2018

Die „Schauspielschule im Deutschen Theater" wird aus dem inzwischen arisierten Deutschen Theater ausgegliedert und firmiert nun als eigenständige Institution.

Alle Theater und Schulen Berlins werden kriegsbedingt geschlossen.

Der Unterricht kann wieder aufgenommen werden, da der Berliner Magistrat die Subventionierung der Schauspielschule übernimmt.
Intendant Wolfgang Langhoff ermöglicht den Unterricht, der zum Teil wieder in den Räumen des Deutschen Theaters stattfindet.

1934   *1944*   *1946*

Eingang zur Schauspielschule Schnellerstraße
1951

Das ehemalige Bootshaus 1951

Wegweiser zur Schauspielschule in Schöneweide 1951

Im Rahmen der Verstaatlichung des gesamten Ausbildungswesens der DDR wird die Schauspielschule zur Fachschule für Schauspielkunst. In einem ehemaligen Bootshaus an der Schnellerstraße in Berlin-Schöneweide bezieht sie ihre neuen Unterrichtsräume.

Die Schulzeit wird von zwei auf drei Jahre erhöht, wobei das dritte Jahr als Praxisjahr am Deutschen Theater absolviert wird.

Der Schauspieler und Regisseur Wolfgang Heinz übernimmt die Leitung der Schauspielschule. Der Schauspieler und Schauspielpädagoge Rudolf Penka wird sein Stellvertreter.

Rudolf Penka wird Leiter der Schule. Er entwickelt das schauspielerische Grundlagenseminar, das als pädagogisches Programm noch heute Bedeutung für die Ausbildung hat.

„Spontaneität im Verhalten auf der Bühne erfordert genaue Kenntnis der darzustellenden Figur wie auch tiefes Empfinden für die Situation, in der sie sich befindet. Die Fähigkeit eines Schauspielers zu improvisieren, kann sich nur dann zeigen, wenn sie auf einer klaren Konzeption der Rolle und einer schöpferischen Aktivität, die durch diese Konzeption geleitet wird, basiert. Deshalb pflegen wir in der Ausbildung die Improvisation."[5] Rudolf Penka

1951   *1958*   *1962*

Kartoffeleinsatz in Goldberg 1962. Erste Reihe (v.l.n.r.): Peter Lange, Jürgen Gosch, Margit Bendokat, Klaus Hartmann, Birge Arnold, Monika Bernd, Horst Hennig, Renate Reinecke, Christine Schorn. Zweite Reihe (v.l.n.r.): Petra Hinze, Alexander Stillmark, Karl Heinz Choynski, Rudi Pfaff, Christian Stövesand, K.-Heinz Schaufel, Egon Brennecke, Egbert Lipowski, Peter Aust, Sybille Hahn und Hildegard Buchwald.

„Wenn man Grundlagen schaffen will, ist die Kontinuität der Ausbildung unerläßlich und wichtiger als eigene Produktion. Diese Arbeit ist zwar für meine Selbstdarstellung weniger spektakulär, aber ich kann Generationen junger Schauspieler prägen, und das ist etwas, das bedeutet mir tatsächlich viel."[6] *Rudolf Penka*

Ein Zusatzstudium für an Puppentheater interessierte Schauspielstudentinnen und -studenten wird eingerichtet, da an den Theatern der DDR zahlreiche Puppentheater entstanden und ausgebildete Puppenspielerinnen und Puppenspieler fehlten.

Die Fachrichtung Puppenspiel (heute: Zeitgenössische Puppenspielkunst) wird eingerichtet. Zu Beginn wird nur alle zwei Jahre immatrikuliert.

Der Schauspieler Hans-Peter Minetti wird zum Rektor berufen.

1960er   *1971*   *1975*

Festakt zur Eröffnung der Hochschule 1981. Hans-Joachim Hoffmann, Minister für Kultur (links am Bildrand), Kurt Hager, Mitglied des Politbüros und Sekretär des Zentralkomitees der SED (2.v.l.), Prof. Hans-Peter Minetti, Rektor der Hochschule für Schauspielkunst „Ernst Busch" (4.v.l.)

„Es gehört zu den wichtigen Anliegen, einen bewußten methodologischen Zugang in Ausbildung, Lehre und künstlerischer Praxis zu den Partnern (Studentinnen und Studenten) zu finden. Das Hochschulstudium vermeidet die Vermittlung von Kunstkonzeptionen und hebt statt dessen die Aneignung einer Arbeitsmethode hervor, die den persönlichen Ausdruckswillen und die individuelle Begabung erkennen lassen und sie entfalten."[7] Hartmut Lorenz

Die Schule verlagert ihren Lehrbetrieb aufgrund des schlechten baulichen Zustands des Bootshauses in ein Schulgebäude in Marzahn. Gleichzeitig erhöhte sich die Zahl der Studentinnen und Studenten.

Aus der Fachschule wird die Hochschule für Schauspielkunst „Ernst Busch", benannt nach dem weltbekannten Sänger und Schauspieler. Damit wird den Absolventinnen und Absolventen zum Abschluss des Studiums das Diplom verliehen.

Im Rahmen der Umwandlung zur Hochschule werden die Rostocker Schauspielschule als Außenstelle und ebenfalls das 1974 von Manfred Wekwerth gegründete Regieinstitut und das bat-Studiotheater der Hochschule angegliedert.

Die Hochschule kehrt in das rekonstruierte Bootshaus mit angegliedertem Neubau an der Schnellerstraße zurück.

Eingang der Hochschule. Schnellerstraße 104. 1981

Der Regisseur und Drehbuchautor Kurth Veth übernimmt die Leitung der Hochschule. „Kurth Veth gelang es, nicht nur den Rang der Hochschule als Ausbildungsstätte weiterhin unter Beweis zu stellen, sondern auch die Arbeitsbeziehungen und Kontakte zu Schauspiel- und Regieinstituten des In- und Auslandes zu intensivieren sowie auf neuartige Theaterströmungen produktiv zu reagieren."[8] Klaus Völker

1979   *1981*   *1987*

Studioinszenierung im bat-Studiotheater HAPPY END von D. Lane. Regie Angelica Domröse. Premiere 11. März 1998. Marc Waschke, Devid Striesow, Christian Herrlitz

HAPPY END. Nina Hoss und Roland Kukulis

Probe in der Choreographie. 1993

Der Professor für Theatergeschichte und Dramaturgie Klaus Völker wird Rektor der Hochschule.

„Hätten wir einen gemeinsamen Standort für alle Abteilungen, wäre der Verwaltungsaufwand weitaus niedriger. Ganz zu schweigen vom künstlerischen Gewinn und dem Gewinn der Arbeitszeit für die Studierenden und für die gemeinsamen Projekte. Im Hochschulrat wurde Einigkeit darüber erzielt, daß keine Anstrengungen unversucht gelassen werden dürfen, die Standortproblematik dem Senator und der Senatsverwaltung als dringliches Problem darzulegen und die Zusammenlegung unserer Abteilungen an einem Standort in Pankow zu befördern (…). Was ich hier andeute, ist Wunschtraum und Zukunftsmusik."[9] Klaus Völker. Rede des Rektors zur Feierlichen Exmatrikulation am 9. Juli 2004.

Der Diplom-Studiengang Choreographie wird gegründet.

Nach der Wende wird die Hochschule für Schauspielkunst von einer unabhängigen Struktur- und Berufungskommission evaluiert und ein Teil des Lehrpersonals verlässt die Schule.

Zu Beginn der Amtzeit beschließt das Berliner Abgeordnetenhaus nach einer breiten Diskussion die Fortführung der Hochschule für Schauspielkunst „Ernst Busch" als eigenständige Einrichtung neben den anderen drei Berliner Künstlerischen Hochschulen.

1988   *1990*   *1993*

Studioinszenierung „Mauergeschichten" von M. Karge, Regie Thomas Ostermeier. Premiere 1994. Jenny Schily und Boris Alijnovic im Vordergrund

Eine abteilungsübergreifende Studioinszenierung. „Weihnachten bei Ivanov" von A. Vvedenskij. Regie: Tom Kühnel und Robert Schuster. Bühne: Jan Pappelbaum. Schauspiel: Carsten Hübner, Pascal L. Frank, Frank Seppeler, Winnie Böwe, Katja Kolm, Matthias Hörnke, Florian Scholz, Christian Nickel. Puppenspiel: Suse Wächter Christian Weise, Peter Lutz, Rainald Grebe, Atif Hussein. Premiere 20. Dezember 1995 im bat-Studiotheater

*„Ich sehe in einem Hochschulstudium mit entsprechendem Diplomabschluß auch eine soziale und intellektuell-dramaturgische Komponente bzw. den Anspruch, die Sparte Tanz (Ballett) an den deutschen Stadttheatern gleichwertig zu installieren. Der Tanz ist letztlich noch immer deshalb ein Kindergarten vieler Theater, weil es eine derartige Erziehung und Bildung für Tänzer und Choreographen so graduiert bisher nicht gegeben hat."[10]
Dietmar Seyffert*

Der Kultursoziologe Dr. Wolfgang Engler übernimmt das Amt des Rektors.

In Kooperation mit der Staatlichen Ballettschule Berlin wird der Bachelor-Studiengang Bühnentanz eingerichtet.

Als gemeinsames Projekt mit der Universität der Künste und dem Tanzraum Berlin startet das Hochschulübergreifende Zentrum Tanz (HZT).

Der Masterstudiengang Choreographie (maC) wird eingerichtet und ersetzt den Diplom-Studiengang Choreographie.

2005　　　2006　　　2008

Staatliche Ballettschule-Studiengang Bachelor Bühnentanz 2011

Studiengang Choerographie in den Uferstudios

Studioinszenierung „Was ihr wollt" von William Shakespeare. Regie Alexander Lang. Premiere 2015. Sebastian Witt und Jonathan Kutzner

Masterprojekt Choreographie 2016. STAUB von Lina Gómez

Das HZT wird auf institutioneller Basis fortgeführt und bietet die Studiengänge BA Tanz, Kontext, Choreographie, Solo/Dance/Authorship (MA SODA) und maChoreographie (maC) an.

Der Masterstudiengang Dramaturgie wird eingerichtet. Der Studiengang stellt die Ausbildung in der Produktionsdramaturgie in den Mittelpunkt.

Studierende der Hochschule besetzen das Gelände um die ehemaligen Opernwerkstätten in der Zinnowitzer Straße und fordern den Berliner Senat auf, hier ihr neues zentrales Hochschulgebäude entstehen zu lassen.

Der Bau des neuen Zentralstandortes in den ehemaligen Opernwerkstätten in der Zinnowitzer Straße beginnt nach Plänen der Architekten O&O Baukunst.

2010 *2012* *2014*

Standort der Abteilung Zeitgenössische Puppenspielkunst in der Parkaue 2017

Studierende beim Abschied vom ehemaligen Standort Schöneweide 2018

Masterarbeit im Studiengang Choreographie „Arbeit Spiel Muse". Regie Anna Katalin Németh. Premiere 2018

„Wenn wir uns die neue Welt künstlerisch-praktisch aneignen wollen, müssen wir neue Kunstmittel schaffen und die alten umbauen. Die Kunstmittel Kleists, Goethes und Schillers müssen heute studiert werden, sie reichen aber nicht mehr aus, wenn wir das Neue darstellen wollen … Experimente ablehnen heißt sich mit dem Erreichten begnügen, das heißt zurückbleiben."[11]
Bertolt Brecht

Studiengang Spiel und Objekt Neuer Masterstudiengang ab Wintersemester 2018/2019

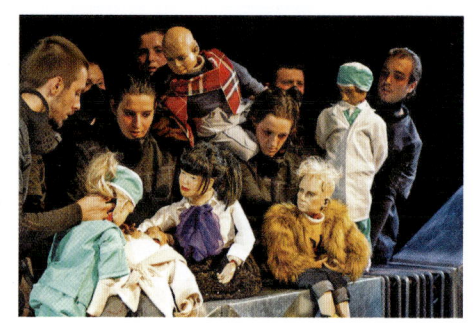

Studioinszenierung im Studiengang Zeitgenössische Puppenspielkunst „Das große Massakerspiel". Regie Ariane Kareev. Premiere in der Schaubude Berlin 2018

Abteilungsübergreifendes Inszenierungsprojekt in Kooperation mit der Mongolian State University of Arts and Culture „Michael Kohlhaas – An Attempt to Leave the Circle" frei nach H. von Kleist. Regie Friederike Förster. Premiere 2018

Das bat-Studiotheater wird nach Plänen der Architekten O&O Baukunst nach anderthalbjähriger Modernisierung wiedereröffnet.

Der Theaterwissenschaftler Holger Zebu Kluth wird Rektor der Hochschule.

Der Masterstudiengang Spiel und Objekt wird eingerichtet. Der Studiengang beschäftigt sich in Lehre und Forschung mit zeitgenössischen theatralen Ereignissen an der Schnittstelle von Darstellung, Objekt, neuen Medien und sozialen Strukturen.

Im Sommersemester studieren insgesamt 227 Studentinnen und Studenten an der Hochschule. Davon 96 Schauspiel, 29 Schauspielregie, 39 Zeitgenössische Puppenspielkunst, 12 Choreographie, 5 Dramaturgie und 46 Bühnentanz.

Die neue Hochschule wird fertiggestellt. Alle Studiengänge und die Hochschulverwaltung arbeiten nun an einem gemeinsamen Standort in Berlin-Mitte.

2017 *2018*

Quellenangaben zu S. 127–141:

1. Brecht, Bertolt, Schriften zum Theater. Berlin und Weimar 1964
2. Staatsarchiv Potsdam.PR.Br.Rep. 30 Berlin C, Polizeipräsidium,Th Nr. 2839. Bl. 1, zit. nach Ebert, Gerhard, Schauspieler werden in Berlin. Von Max Reinhardts Schauspielschule zur Hochschule für Schauspielkunst Ernst Busch. Berlin 1987
3. Brecht, Bertolt, Schriften zum Theater. Berlin und Weimar 1964
4. Ebert, Gerhard, Schauspieler werden in Berlin. Von Max Reinhardts Schauspielschule zur Hochschule für Schauspielkunst Ernst Busch. Berlin 1987
5. Ebert, Gerhard und Penka, Rudolf (Hg.), Schauspielen. Berlin 1998
6. Penka, Rudolf, Versuch eines Arbeitsporträts. Hg. von Hochschule für Schauspielkunst „Ernst Busch", Berlin 1983
7. Völker, Klaus (Hg.), Hochschule für Schauspielkunst „Ernst Busch" Berlin. Ein Querschnitt durch Geschichte und Ausbildungspraxis. Berlin 1994
8. Ebd.
9. Völker, Klaus (Hg.), Hochschule für Schauspielkunst „Ernst Busch" Berlin. Zur Geschichte und Ausbildungspraxis 2005/2006. Berlin 2005
10. Ebd.
11. Über die Situation des Theaters. In: Hecht, Werner (Hg.), Brecht im Gespräch. Diskussionen und Dialoge, Berlin 1975
12. Goethe, J. W., Maximen und Reflexionen. Hg. von Helmut Koopmann, München 2006
13. Brecht, Bertolt, Die Gedichte. Frankfurt a. M. 1981

Koproduktion mit dem Studiengang Schauspiel und der UNAM in Mexico City „Clavijo-Clavigo" von J. W. von Goethe. Regie Michael Keller. Premiere in Mexico City 2015

Studioinszenierung im Studiengang Schauspiel in Kooperation mit der Schaubühne am Lehniner Platz „Der gute Mensch von Sezuan" von B. Brecht. Musik P. Dessau. Regie Peter Kleinert. Premiere 15. November 2017

Studioinszenierung im Studiengang Schauspiel in Kooperation mit der Volksbühne „Sommergäste" von M. Tschechow. Regie Silvia Rieger. Premiere 15. März 2016

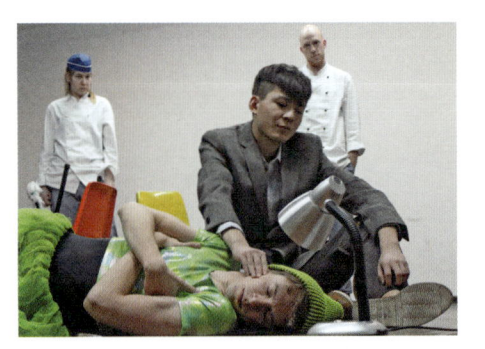

Koproduktion mit dem Studiengang Schauspiel und der Shanghai Theatre Academy „Der goldene Drache" von Roland Schimmelpfennig. Regie Margarete Schuler. Premiere in Shanghai 2014

Drittjahresprojekt Regie und Schauspiel „Helden" von Ewald Palmetshofer. Regie Roscha A. Säidow. Premiere 2011. Jasna Fritzi Bauer und Christian Löber

Koproduktion mit dem Studiengang Schauspiel und dem Hebbel-Theater „Doctor Faustus Lights the Lights" Libretto G. Stein. Musik H.-P. Kuhn. Regie Robert Wilson. Premiere 15. April 1992. Probe mit R. Wilson

Koproduktion mit dem Studiengang Regie und der Danish National School of Performing Arts „Lenz/Winterreise" nach G. Büchner/W. Müller/F. Schubert. Regie Branko Janack. Premiere 8. März 2017

NATIONALE UND INTERNATIONALE KOOPERATIONEN

Kooperation mit dem Masterstudiengang Choreographie und dem North Karelia College Outokumpu aus Finnland „FIRN". Choreographie Carina Otte. Premiere 2016

Kooperation mit dem Studiengang Schauspiel und dem Deutschen Theater „Marat/Sade" von Peter Weiss. Regie Stefan Pucher. Premiere 27. November 2016

Kooperation mit dem Masterstudiengang Choreographie und dem Theater Strahl Berlin „Traumlabor *Ein RealitätsCheck*" Idee Irina Demina. Choreographie I. Demina und Ensemble

Koproduktion mit dem Studiengang Zeitgenössische Puppenspielkunst und dem Papermoon Puppet Theatre aus Indonesien „Senlima". Regie Maria Tri Sulityani und Roscha A. Säidow

Koproduktion mit dem Studiengang Zeitgenössische Puppenspielkunst und der Schaubude Berlin „Stoi!". Regie Hans-Jochen Menzel. Premiere 2016

Kooperation mit dem Studiengang Schauspiel und dem Berliner Ensemble „Die beiden Veroneser" von W. Shakespeare. Regie Veit Schubert. Premiere 2015

„Wer fremde Sprachen nicht kennt, weiß nichts von seiner eigenen."[12]
Johann Wolfgang von Goethe

bat-Studiotheater in der Belforter Straße, Sitz des Instituts für Schauspielregie, 1976

1983

„O Lust des Beginnens!
O früher Morgen"[13]
Bertolt Brecht

CHRONIK DES bat-STUDIOTHEATER

Das Gebäude im Prenzlauer Berg wird als Tanzsaal errichtet und später zum Hinterhofkino umgebaut.

1887–89

Brigitte Soubeyran und Wolf Biermann gründen das Berliner Arbeiter- und Studententheater (b.a.t.). Beim Publikum finden die ersten Aufführungen des jungen Theaters großen Anklang, erregen aber das Missfallen der Kulturbürokratie.

1961

Kurze Zeit nach seiner Gründung wird das b.a.t. geschlossen. Die Staatliche Schauspielschule kann im b.a.t. einige Aufführungen zeigen und behält den Namen des Theaters.

1963

1991 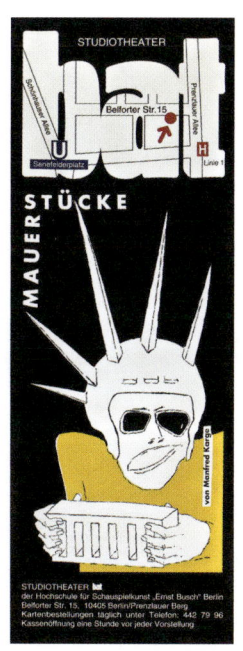 1994  2000  2010

Wiedereröffnung 2017 nach der Modernisierung mit „Odyssee" nach Homer. Freies Projekt Schauspiel, Ensemblepreis beim Bundeswettbewerb deutschsprachiger Schauspielstudierender 2017

Das von Manfred Weckwerth im gleichen Jahr gegründete Regieinstitut übernimmt das Haus.

Das bat-Studiotheater (vorher b.a.t.) wird als Teil des Regieinstituts in die Hochschule für Schauspielkunst „Ernst Busch" integriert und etabliert sich als Spielstätte für Studio-, Diplom- und Praktikumsinszenierungen sowie Werkstattabende aller Studiengänge. Die Studentinnen und Studenten können hier erste Erfahrungen mit dem Publikum sammeln und ihre künstlerischen Fähigkeiten in der Theaterpraxis entwickeln.

Der Umbau des Hauses nach Plänen der Architekten O&O Baukunst beginnt.
Nach umfangreicher Sanierung und Umgestaltung eröffnet das bat-Studiotheater neu.

79 Vorstellungen und 23 Produktionen werden in diesem Jahr gespielt.

1974   *1981*   *2017*

Was hat Sie zu Ihrem Studium *motiviert* – und warum an der HfS Erns

Handwerk oder *Kunst*? Was wird vermittelt?

Welche *Kooperationen* an der „Ernst Busch" waren für Sie besonder

Was vor allem haben Sie aus Ihrem Studium, Ihrer Ausbildung in die berufl

Was fällt Ihnen sofort ein, wenn Sie an die „*Ernst Busch*" denken? Ein E

5 FRAGEN AN ABSOLVENTINNEN UND ABSOLVENTEN

Daniela Wićaz-Hattop

usch?

spirierend?

Praxis mitgenommen?

nis, eine Person ...

Jasna Fritzi Bauer
Michael Hatzius
Raphael Hillebrand
Kieran Joel
Roscha A. Säidow
Anja Schneider
Mehmet Sözer
Gerhild Steinbuch
Devid Striesow
Jördis Triebel
Suse Wächter

Motivation – warum HfS?
Ich kann nix anderes und die anderen wollten mich nicht.

Handwerk oder Kunst?
Handwerk. Was ich sehr gut finde.

Welche Kooperationen inspirierend?
Unsere dritte Jahresproduktion „Helden" mit der Regiestudentin Roscha A. Säidow.

Ausbildung und Praxis?
Das ist ein Rätsel, das ich noch nicht entschlüsselt habe.

Erster Gedanke bei „Ernst Busch"?
Frau Blum und der gelbe Kasten, der aussieht wie die hinterletzte Sporthalle, und an meinen besten Freund Niclas Rohrwacher. Den habe ich dort gefunden.

Jasna Fritzi Bauer
Schauspiel

Motivation – warum HfS?

Ich wollte von klein auf darstellender Künstler werden. Die HfS hatte einen sehr guten Ruf. Als ich eine Jugendtheatergruppe besuchte, die von Absolventinnen und Absolventen der Puppenspielabteilung geleitet wurde, kam ich mit den vielfältigen Möglichkeiten, Geschichten mit und über Puppen zu erzählen, in Kontakt und erfuhr auch von der Möglichkeit, Puppenspielkunst zu studieren.

Handwerk oder Kunst?

Handwerk ist erlernbar und wird gelehrt. Kunst ist nicht unbedingt lehrbar, aber man kann sich mit der Sprache verschiedener Künstlerpersönlichkeiten auseinandersetzen, sich inspirieren und eine eigene Sprache wachsen lassen. Die HfS bietet einen idealen Raum dafür. Doch es gehörte immer ein bisschen Glück und Eigeninitiative dazu, an den „richtigen" Dozenten zu geraten.

Welche Kooperationen inspirierend?

Da gab es eine Menge. Die Arbeit am freien Vordiplom mit der Berliner Theaterlegende Hans Krüger gehörte für mich genauso dazu, wie die Studioinszenierung „Berlin Alexanderplatz" am Schauspiel Hannover. In einer Kooperation mit dem Theater an der Parkaue wirkte unser damaliger Abteilungsleiter Hans-Jochen Menzel selbst mit. Da ich ihn als Puppenspieler sehr verehre und seine Inszenierungen maßgeblich zu meiner Studienwahl beigetragen haben, war es seine sehr bereichernde Aufgabe, einen Probenprozess an seiner Seite erleben zu dürfen.

Ausbildung und Praxis?

Handwerkliche Aspekte. Fundamentale Antworten auf Fragen wie zum Beispiel: Wie mache ich Stimme und Körper warm? Welche darstellerischen Mittel stehen mir in einer bestimmten Situation zur Verfügung, um meine Figur so lebendig und prägnant wie möglich werden zu lassen? Diese Fragen begleiten meine Arbeit auf der Bühne jeden Abend.

Erster Gedanke bei „Ernst Busch"?

Ich denke an viele Stunden im Trainingsanzug, auf Böden rumrobben und summen, an Kommilitonen massieren, an die Neuentdeckung meiner Hände im Fach Puppenführungstechnik, an Szenenstudien mit vielen Fragezeichen und einigen Ausrufezeichen, an grandiosen Sprechunterricht und an meinen Mentor Hartmut Lorenz. Viele seiner treffgenauen Formulierungen sind mir noch immer im Ohr.

Michael Hatzius
Puppenspiel

Motivation – warum HfS?

Nachdem ich zehn Jahre als Tänzer und Choreograph die Bühnen der Welt kennenlernen durfte, suchte ich einen Raum um mein künstlerisches Schaffen zu hinterfragen. Der postmoderne Ansatz der Choreographie-Abteilung interessierte mich. Professor Ingo Reulecke gab sich mir gegenüber offen und interessiert, obwohl ich der erste Bewerber war, der aus der Hip-Hop-Szene kam. Das Spannungsfeld aus zeitgenössischem und urbanem Tanz sollte meine Studienzeit bestimmen.

Handwerk oder Kunst?

Besonders im MA Choreographie steht das künstlerische Arbeiten im Vordergrund. Es gibt keine zwingende Vermittlung von Tanztechnik. Uns stand es offen, Räume für das Erlernen von Techniken selbst zu schaffen. Ständiges Hinterfragen des eigenen Schaffens kann zu einer großen Verunsicherung führen. Da tut es gut, sich auf das zu besinnen, was man wirklich kann: TANZEN. Das abstrakte Arbeiten mit dem Kopf hat seine Berechtigung. Doch am Ende, kommt es darauf an, was auf der Bühne passiert.

Welche Kooperationen inspirierend?

Unsere Kooperation mit dem Bauhaus Dessau hat einen bleibenden Einfluss auf mich gehabt. Die Tänze von Oskar Schlemmer haben mich inspiriert. Dazu noch die Möglichkeit auf der originalen Bühne des Bauhauses in Dessau auftreten zu können, war etwas ganz Besonderes. In Schlemmers Liebe zu Tanz und Technik habe ich viel von mir selbst wiedererkannt.

Ausbildung und Praxis?

Die eigene Arbeit zu kontextualisieren ist ein wichtiger Bestandteil eines freien Künstlers. Ich habe gelernt, mich Kritikern gegenüber zu behaupten. Auch die Einblicke in Kunstmanagement und Kunstpolitik bereichern meine berufliche Praxis. Wir leben in einer Welt, in der es wichtiger ist, was über Kunst gesagt wird, als was die Kunst selbst ist. Der Diskurs bestimmt unsere Welt und nicht die Phänomene selbst. In dieser Welt ist es wichtig, seine argumenativen Waffen zu schärfen.

Erster Gedanke bei „Ernst Busch"?

Mich beeindruckt die Vielfalt der Studiengänge. Die „Ernst Busch" schafft es, ganz unterschiedliche Ansätze von Kunstverständnis zu vereinen. Hochschulen müssen Orte sein, in denen sich die Gesellschaft begegnet. Dann können Diskurse konstruktiv geführt werden, die im Alltag auf der Straße eher zu Streit führen würden. Mit dem Format „Dialogic Movement" haben wir diesen Diskurs auf der Bühne des Radialsystems fortgesetzt. Es wurde zu unserem Forum für zeitgenössischen urbanen Tanz.

Raphael Hillebrand
Choreographie

Motivation – warum HfS?

Vor dem Studium habe ich fest als Regieassistent am Theater gearbeitet. Ich habe diese Assistenz immer als Ausbildung zum Regisseur verstanden, musste dann aber bemerken, als ich selber inszenierte, dass meine Inszenierungen eigentlich ein Kommentar zu Regisseuren, denen ich über die „Schulter schaute" waren, ob jetzt in Abgrenzung oder im Versuch der Nachahmung. Außerdem waren die Inszenierungen immer gleich der Öffentlichkeit ausgesetzt, was am Anfang nicht hilfreich ist. Das waren die Motivationen, Regie zu studieren. Da mir immer klar war, dass mich ein Theater interessiert, in dem dramatische Situationen abgebildet werden, die die Widersprüche unserer Existenz in Szene setzen, habe ich mich bewusst für die „Ernst Busch" entschieden.

Handwerk oder Kunst?

Das Handwerk, Spieler und Szenen in Bewegung zu setzen. Ob diese Bewegungen sich nun gelb, grün, humorvoll, melancholisch vollziehen, liegt erst mal in der Hand des Einzelnen. Aber durch das Reflektieren, das Diskutieren mit Lehrkräften und den Studentinnen und Studenten, wird sich natürlich eine individuelle Kunst ausbilden, wenn vielleicht auch über Umwege.

Welche Kooperationen inspirierend?

Das waren jene Kooperationen mit den Schauspielstudentinnen und -studenten, sei es nun mit der UdK oder Schulen im Ausland. Mit dem Bewusstsein, dass es verschiedene Möglichkeiten des Spiels gibt, schärften sich meine Möglichkeiten, Bühnenvorgänge zu beschreiben und überhaupt erst in Gang zu setzen.

Ausbildung und Praxis?

„Wenn etwas in der Szene nicht stimmt, schauen sie in den Moment davor." Keine Inszenierung nach meinem Studium, in der dieser Satz von Brecht mich nicht vor der einen oder anderen Krise bewahrt hätte. Ein Stück, eine Szene begreifen, beschreiben zu können, führt zu der Freiheit, verändern zu können.

Erster Gedanke bei „Ernst Busch"?

Jogginghose und Jutebeutel.

Kieran Joel
Regie

Motivation – warum HfS?

Ganz banal – ich konnte mir damals keine andere Stadt als meine Heimatstadt Berlin leisten. Im Nachhinein war es eine gute Entscheidung, denn die HfS Ernst Busch vermittelte mir damals das Handwerk, nach dem ich gesucht hatte.

Handwerk oder Kunst?

Handwerk. Kunst muss du selber mitbringen.

Welche Kooperationen inspirierend?

In meinem zweiten Studienjahr startete ein Austauschprojekt mit der Abteilung Zeitgenössische Puppenspielkunst und mir eröffnete sich dieser neue schräge Kosmos des Figurentheaters, der mich bis heute fasziniert.

Ausbildung und Praxis?

„Was dich nicht umbringt, macht dich stärker."

Erster Gedanke bei „Ernst Busch"?

Die Frage kann ich so direkt gar nicht beantworten. Da blitzen viele Momente auf, einige leichter, andere schwerer, doch aus denen auswählen zu müssen: no, no, no, das geht gar nicht. Da käme dann die jeweils andere Seite der Medaille zu kurz.

Roscha A. Säidow
Regie

Motivation – warum HfS?

Mit zwölf Jahren besuchte ich in meiner Heimatstadt Altenburg das erste Mal das Theater und plötzlich war sie da: die Faszination für die Bühne. In mir wuchs der Drang, ein Teil dieser Zaubermaschine, dieser Welt in der Welt, zu werden. Die Frage nach der passenden Schauspielschule stellte sich nicht, denn mir war klar, ich werde es an jeder versuchen. Wenn es an der „Ernst Busch" klappen sollte, wäre dies das Großartigste.

Man wusste, ganz gleich wie klein die Stadt war, aus der man kam: Das ist die beste Schule. Und sie ist in Berlin.

Handwerk oder Kunst?

Es wird das Handwerk vermittelt, das einen in die Lage versetzt an Kunst beteiligt zu sein.

Welche Kooperationen inspirierend?

Für mich war es das Größte, unter der Woche (lieber Thilo Mandel, bitte verzeih mir!) den Fechtunterricht zu schwänzen, um mir die Szenenstudien der höheren Klassen anzusehen. Die Aufregung, der Zauber des ersten Augenblicks und das Fliegen der Kommilitonen mitzuerleben, besaß für mich eine unglaubliche Anziehungskraft. Nach dieser Energie war ich süchtig, und ich spürte, dass ich durch das bloße Beobachten sehr viel lernen und begreifen würde.

Ausbildung und Praxis?

Disziplin, Respekt, Suche, Ausdauer, Neugier, Unbedingtheit, Denken, Argumentieren, Sprache, Mut und Atmen nicht vergessen!

Erster Gedanke bei „Ernst Busch"?

Mir fällt der hochverehrte Theaterhistoriker, Dramaturg und Publizist Klaus Völker ein, der von 1993 bis 2005 Rektor der Hochschule war. Ich denke an seine beeindruckende Begrüßungsrede an unser Studienjahr, die er mit den Worten schloss (sinngemäßes Zitat): „Es war schwer, an diese Schule zu kommen, aber es ist noch schwerer, an dieser Schule zu bleiben."

Anja Schneider
Schauspiel

Motivation – warum HfS?
Ich wurde da angenommen und hab mich nicht weiter beschwert.

Handwerk oder Kunst?
Handwerk in der Schule, Kunst im Leben.

Welche Kooperationen inspirierend?
Die Kooperation mit der Volksbühne (R.I.P.) und die Zusammenarbeit mit den Regie-Studierenden.

Ausbildung und Praxis?
Ganz viele Ahnungen, wie es gehen könnte, und noch immer keine Ahnung, wie es geht.

Erster Gedanke bei „Ernst Busch"?
Meine liebe Sprecherzieherin Frau Dreves und den Satz, es gibt nichts Spannenderes als jemandem beim Denken zuzusehen.

Mehmet Sözer
Schauspiel

Motivation – warum HfS?
Ich war vor meinem Studium bereits mehrere Jahre als Autorin tätig und habe mich für den Master Dramaturgie beworben, um mein Arbeitsfeld zu erweitern.

Handwerk oder Kunst?
Ich finde, Handwerk und Kunst sind schwer voneinander zu trennen. Die Kenntnis von Regeln heißt ja nicht, dass man sie brav befolgen muss, man kann sie auch variieren, aufbrechen etc. So oder so sollte man aber grundsätzlich wissen, über welche Werkzeuge man verfügt, um überhaupt Raum für Spiel und Ungeplantes schaffen zu können.

Welche Kooperationen inspirierend?
Für mich, aus der Praxis kommend, war vor allem die Zusammenarbeit mit Regiestudierenden und Schauspielerinnen und Schauspielern interessant, um die Probenarbeit von einer anderen Seite als jener der Autorin kennenzulernen.

Ausbildung und Praxis?
Genauigkeit im Beschreiben und ein größeres Verständnis für alle am Produktionsprozess Beteiligten.

Erster Gedanke bei „Ernst Busch"?
Die Runden im kleinen Rahmen mit Bernd Stegemann, in denen Zeit dafür war, Texte genau und kritisch zu lesen.

Gerhild Steinbuch
Dramaturgie

Motivation – warum HfS?

Mein Traumberuf war tatsächlich nicht der des Schauspielers, im Gegenteil, ich wusste, bevor ich mich an der Hochschule bewarb nicht einmal, dass der Theaterabend auf Verabredung basiert, dass jeder Spieler genau wissen muss, was er tut. Ich kam vom musikalischen Fach, hatte Jazzgitarre studiert und wollte vor allem eins: raus aus der Heimatstadt und nach Berlin. Mein festes Vorhaben war: Schaffst du die Aufnahmeprüfung an der HfS nicht, lässt du's einfach mit der Schauspielerei.

Handwerk oder Kunst?

Man kann den Umfang der Ausbildung an der HfS erst im Nachhinein einschätzen. Während der Zeit dort ist man bemüht, so vielem gerecht zu werden, und damit am Ende sich selbst. Heute kann ich sagen, dass das, was gemeinhin als Handwerk bezeichnet wird in unserem Beruf einen wesentlichen Teil dazu beiträgt, ihn als einen künstlerischen zu bezeichnen. Nur wenn man über Handwerk in ausreichendem Maße verfügt, kann man auf der Bühne, im Film usw. wirklich frei agieren. Man lernt ja im Berufsleben immer weiter und weiter dazu. Es wird beides vermittelt und dazu (zumindest in meiner Zeit) der klare, ungeschönte Blick auf den Beruf mit seinen vielen Seiten.

Welche Kooperationen inspirierend?

Zwei Begegnungen fallen mir sofort ein, wenn ich zurückdenke. Die eine ist die mit Frau Hildegard Buchwald-Wegeleben. Die andere die mit meinem geschätzten „Lehrerkollegen" Thomas Thieme. Beide haben es auf schauspielerischer Ebene geschafft, mein Interesse am Schauspiel zu erwecken und zu erhalten.

Die wichtigste Person war für mich allerdings die Professorin für Sprecherziehung Viola Schmidt. Durch sie habe ich überhaupt erst nachempfinden können, was alles drinsteckt in einem, wie man es schafft, sich dessen zu bemächtigen und es einzusetzen. Und dabei Spaß hat.

Ausbildung und Praxis?

Frage 4 steckt ein bissel in 2 & 3.

Erster Gedanke bei „Ernst Busch"?

Wenn ich an die Zeit an der „Ernst Busch" denke, fällt mir sofort mein hosengeträgerter Mentor Piet Drescher ein, der uns nach dem Intendantenvorspiel auf der Heinz-Bühne liebevoll umarmt und sagt: „Jetzt seid ihr dem Teufel mit Haut und Haar verschrieben."

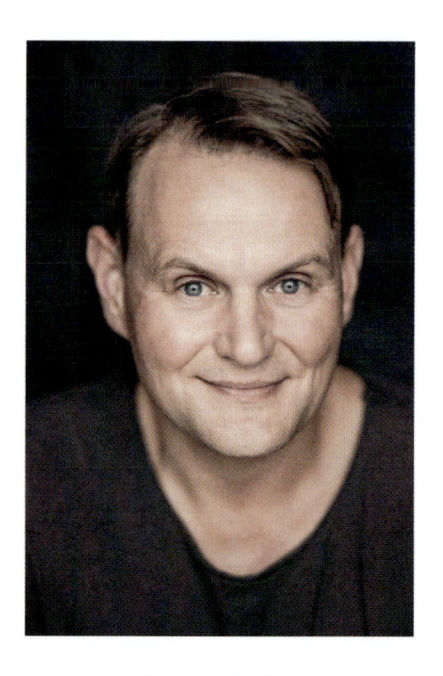

Devid Striesow
Schauspiel

Motivation – warum HfS?

Ich wollte schon immer Schauspielerin werden. Meine Mutter hatte zu DDR Zeiten am damaligen Theater der Freundschaft (heute Theater an der Parkaue) als Requisiteurin gearbeitet. Schon als kleines Kind war ich fast täglich im Theater und schaute den Schauspielern beim Proben zu. Es hat mich von Anfang an fasziniert: ein Ort, an den man den ganzen Tag spielen durfte. Jeden Tag aufs Neue in andere Welten abtauchen.

Durch die Nähe zu den Schauspielern wusste ich, dass es nur die eine Schule gibt, an der man das Handwerk lernen kann, die „Ernst Busch". Dort wollte ich hin.

Mit sechzehn versuchte ich es zum ersten Mal und schaffte es sogar in die zweite Runde.

Ich trällerte in bunten Kostümen, „nur een Zimmerchen irjendwo … wäre det nich wunderscheen." Anschließend wurde mir geraten, ein Jahr ins Leben zu schauen und wiederzukommen.

Ich nahm das sehr ernst, machte eine Lehre zur Schneiderin, jobbte in Cafés und kam ans Maxim Gorki Theater als Kleindarstellerin. Ein Jahr später arbeitete ich mit Marie Gruber an meinen Vorsprechrollen. Dann hat es geklappt und ich konnte mein Glück kaum fassen.

Handwerk oder Kunst?

Vor allem Handwerk.

Die Ausbildung umfasste so viele Bereiche und mir war klar, dass ich nie wieder im Leben die Chance habe, so viel Unterschiedliches auf einmal zu lernen. Schauspiel, Sprecherziehung, Gesangsunterricht, Tanzen, Pantomime, Akrobatik, Fechten …

Was die Kunst betrifft, war es lehrreich, mit unterschiedlichen Regisseuren zusammenzuarbeiten, einer Mischung aus Dozenten und Gastdozenten.

Jede Arbeit war unterschiedlich und bereitete uns auf das Theaterleben vor.

Welche Kooperationen inspirierend?

Im zweiten Studienjahr hatte unsere Klasse ein „Faust"-Szenenstudium und wir waren damit im Programm vom Theatersommer Netzeband. Wir spielten unsere gearbeiteten Szenen im Freien. Es war das Goethejahr 1999. Mit dem Goethe-Institut bekamen wir außerdem die Möglichkeit in Pula (Kroatien) unsere Szenen mit kroatischen Tänzern zu erarbeiten. Anschließend spielten wir das noch mal in Weimar. Eine „Faust"-Tournee.

Ausbildung und Praxis?

Vor allem Handwerk.

Ich habe meinen Handwerkskoffer immer dabei. Er hilft mir, mich zu strukturieren und gibt mir ein Gerüst, in dem ich mich frei bewegen kann.

Erster Gedanke bei „Ernst Busch"?

An eine intensive, zum Teil auch harte, aber wunderschöne Zeit.

Jördis Triebel
Schauspiel

Motivation – warum HfS?

Als Teenager hatte ich einige Puppentheaterabende am Waidspeicher in Erfurt gesehen. Dort war eine Truppe Absolventinnen und Absolventen der „Ernst Busch". Erst nach Jahren der Suche erinnerte ich mich an diese Eindrücke und mir kam in den Sinn: Theater und Puppenanimation, das könnte mein Ding sein. Das ist schön verrückt, man erfindet, man spielt, man kommt herum, man kommt heran an Menschen, man kommt vielleicht auch ans Eingemachte.

Handwerk oder Kunst?

Ach ja, das leidige Thema! Den eigenen Begriff von Kunst wird jede Absolventin, jeder Absolvent im Laufe des Weges selbst entwickeln. Auch das Talent. Es kommt darauf an, welche Vorbilder und Mitstreiter einen begleiten und was man in sich findet. Die „Ernst Busch" gibt vieles mit auf den Weg, auch handwerklichen Unterricht. Die regelmäßigen Trainingsfächer sind eine wichtige Sache. Man übt und lernt, aus der Stimme, aus dem Sprechen, aus dem Körper etwas herauszuholen. Damit ist man nach den vier Studienjahren noch nicht fertig, aber man hat ein Fundament.

Welche Kooperationen inspirierend?

„Die Maßnahme" von Bertolt Brecht am bat-Studiotheater in der Regie von Tom Kühnel und Robert Schuster. Es war eine Kooperation zwischen Regie-, Schauspiel- und Puppenspielstudierenden. Mit dieser Arbeit haben wir beim Schauspielschultreffen 1995 den Max-Reinhardt-Preis geholt. Aber am wichtigsten war, dass wir unter uns Studierenden so viel miteinander probiert und voneinander gelernt haben.

Ausbildung und Praxis?

Das Einüben von Perspektivwechseln durch Sehen, Fühlen und Machen. Das Aneignen von Stoffen, Themen und Geschichten.

Erster Gedanke bei „Ernst Busch"?

Ich denke an Sandra Hüller, die ich erst in der späteren Theaterarbeit und in ihren Filmen kennengelernt habe. Sie ist so eigenwillig und dabei erfolgreich. Ich liebe sie für das, was sie ihren Rollen und somit auch mir als Zuschauerin schenkt.

Suse Wächter
Puppenspiel

Biografien

Holger Zebu Kluth (HZK)
1996 bis 2001 künstlerischer Leiter des Theaters am Halleschen Ufer, Dramaturg und Kulturmanager. Seit 2017 Rektor der HfS Ernst Busch.

Daniela Wićaz-Hattop
Seit 2009 Professorin für Sprecherziehung an der HfS Ernst Busch im Studiengang Schauspiel. 2011 bis 2018 Prorektorin.

Wolfgang Engler
Hochschullehrer für Kultursoziologie und Ästhetik sowie Publizist. 2005 bis 2017 Rektor der HfS Ernst Busch.

Rolf Lautenschläger
Journalist, Publizist in den Bereichen Architektur, Stadtplanung und Kultur, lange Jahre als Redakteur für Stadtentwicklung und Ressortleiter für die „taz". Seit 2016 freier Journalist.

Cora Waschke
Kunsthistorikerin, freie Autorin und Kuratorin.

O&O Baukunst
1987 Gründung des Architekturbüros Ortner Architekten in Düsseldorf. Seit 1990 Ortner & Ortner Baukunst in Wien, seit 1994 in Berlin und seit 2006 in Köln.

2011 O&O Baukunst, mit den Partnern Roland Duda, Christian Heuchel, Florian Matzker, Markus Penell.

Hochschule für Schauspielkunst Ernst Busch
Architekt   Roland Duda, M.O.
Projektleiter Tobias Ahlers
Team   Pascal Dworak, Bernd Gotthardt,
              Frank Illing, Markus Lemcke,
              Markus Müller, Nora Noack,
              Lars Riebschläger, Jessica Seidel,
              Nino Schiddel,
              Magdalena Schwalke-Sauer

Text zu Harald Hauswald: Marlen Burghardt

Friedrich Barner (FB)
Promovierter Jurist, seit 1989 an der Berliner
Schaubühne, seit 2012 Direktor. Vorsitzender des
Hochschulrates der HfS Ernst Busch.

Andreas Becker (AB)
Seit 1988 technischer Leiter des bat-Studiotheaters,
seit 2017 der gesamten HfS Ernst Busch.

Rebekka David (RD)
Regieassistentin am Theater Basel. Seit 2014
Studium der Regie an der HfS Ernst Busch.

Wanda Golonka (WG)
Choreographin und Regisseurin. Seit 2015
Professorin an der HfS Ernst Busch.

Friedrich Kirschner (FK)
Seit 2012 Professor für Digitale Medien im
Puppenspiel. Seit 2018 Leiter des neuen
Masterstudiengangs „Spiel & Objekt" an der HfS
Ernst Busch.

Steffi Kühnert (SK)
Schauspielstudium an der HfS, Engagements
an vielen Bühnen, zahlreiche Filme. Seit 2009
Professorin für Schauspiel an der HfS Ernst Busch.

Irene Bazinger (IB)
Kulturjournalistin in Berlin, arbeitet als
Theaterkritikerin vor allem für die FAZ und die
Berliner Zeitung.

Abbildungsnachweis

© Harald Hauswald/Ostkreuz/gefördert von Leica: Cover, 103–125 · Robert Wilson: 5 · HfS Ernst Busch: 8, 91, 98, 101 (oben) · Martin Stefke: 11–14, 17, 18 · O&O Baukunst Archiv: 15, 19, 51, 59, 60, 66, 74, 79 (unten), 81–83, 86, 88 · euroluftbild.de: 16, 72 · Stefan Nimmesgern: 20–45 · Schnepp Renou: 48, 67, 68, 73, 76, 79 (oben), 80 · Haus-Rucker-Co Archiv: 50, 52–57, 64, 65 · Peter Cook: 58 · Martin Zeller: 62 · Horst Stasny: 77, 89, 90, 93–95, 96 · Stefan Müller: 84–85 · Martina Thalhofer: 92 · © Stephanie Steinkopf/Ostkreuz: 97 · Cora Waschke: 100, 101 (unten) · Joachim Gern: 144 · Christine Fiedler: 145 · Frank Joung: 146 · Sebastian Pircher: 147 · Jesko Döring: 148 · Klaus Dyba Photography: 149 · Jeanne Degraa: 150 · Max Bohm: 151 · Markus Nass Fotografie: 152 · Mathias Bothor: 153 · Tom Kühnel: 154

Wir danken allen Inhabern von Bildnutzungsrechten für die freundliche Genehmigung der Veröffentlichung. Sollte trotz intensiver Recherche ein Rechteinhaber nicht berücksichtigt worden sein, so werden berechtigte Ansprüche im Rahmen der üblichen Vereinbarung abgegolten.

Chronik der Schule (v.l.n.r./v.o.n.u.):
126–128: aus „Fünfundzwanzig Jahre Schauspielschule des Deutschen Theaters zu Berlin, 1905–1930. Eine Festschrift" (Privatdruck) · 129: Tobias Kruse · 130–131: Archiv der HfS Ernst Busch · 132: Hans Pölkow, Roger Melis · 133–134: Roger Melis · 135: Konrad Hirsch, Marion Borris, David Baltzer, Ruppert Bohle · 136: Susanna Poldauf, HfS Ernst Busch, Martina Thalhofer, Friedrich Kirschner, Oliver Thomas, birti bay · 138: Archiv der HfS Ernst Busch, Gianmarco Bresadola, Thomas Aurin, Andreas Neckritz, Charlotte Burchard, Archie Kent, Tobias Johannessen · 139: Jussi Ulkuniemi, Arno Declair, Jörg Metzner, Witjak Widhi Cahya, Joern Hausner, Marcus Lieberenz · 140: Vera Tenschert (Archiv der Akademie der Künste), Archiv der HfS Ernst Busch · 141: Archiv der HfS Ernst Busch (obere Reihe), O&O Baukunst Archiv

Hochschule für Schauspielkunst
Ernst Busch
und der neue Bau

Herausgeber
Holger Zebu Kluth

Konzeptionelle und redaktionelle Beratung
Elisabeth Ruge

Redaktion
Annkatrin Steffen, L.O.

Korrektorat
Malte Ritter

Grafische Gestaltung
Marie Hareiter

Druck
Tiger Printing (Hong Kong) Co., Ltd., Shenzhen/China
www.tigerprinting.hk

Die Deutsche Nationalbibliothek verzeichnet diese Publikation in der Deutschen Nationalbibliografie; detaillierte bibliografische Daten sind im Internet über http://dnb.d-nb.de abrufbar.

ISBN 978-3-86922-096-3

© 2019 by DOM publishers, Berlin
www.dom-publishers.com

Dieses Werk ist urheberrechtlich geschützt. Verwendungen außerhalb der Grenzen des Urheberrechtsgesetzes sind ohne Zustimmung des Verlags unzulässig und strafbar. Dies gilt insbesondere für Vervielfältigungen, Übersetzungen, Mikroverfilmungen sowie die Einspeicherung und Verarbeitung in elektronischen Systemen. Die Nennung der Quellen und Urheber erfolgt nach bestem Wissen und Gewissen.